W0187264

Am Leben vorbei

NADJA PETRANOVSKAJA | MARKUS VON HAUFF | JULIEN KOTTYSCH

AM LEBEN VORBEI

(K)EIN RATGEBER

Wichtiger Hinweis

Die Gedanken, Erfahrungen und Anregungen in diesem Buch wurden nach bestem Wissen erstellt und mit größtmöglicher Sorgfalt überprüft. Sie bieten jedoch keinen Ersatz für kompetenten medizinischen oder psychologischen Rat, falls du diesen benötigst. Jeder Leser ist für das eigene Tun verantwortlich. Die Autoren können keine Haftung für eventuelle Nachteile oder Schäden, die aus den im Buch gegebenen praktischen Hinweisen resultieren, übernehmen.

Bibliografische Information der Deutschen Nationalbibliothek:

Die Deutsche Nationalbibliothek verzeichnet diese Publikation in der Deutschen Nationalbibliografie. Detaillierte bibliografische Daten sind im Internet über dnb.de abrufbar.

Textredaktion: Teresa Werner
Gestaltung: Nadja Petranovskaja
Bildquellen: Canva (Free Media License), Johannes Born, eigene Archive

Herausgeber: Nadja Petranovskaja nadja@petranovskaja.com | 2021
ISBN: 9798753594228
Independently published

Für alle, die sich selbst

ein Vorbild sein wollen.

INHALTSVERZEICHNIS

STATT VORWORT

Dieses Buch ist kein Buch zum Lesen, es ist ein Buch zum Handeln. Es geht weniger um Kopfnicken, als vielmehr um Gestaltung, Selbstbestimmung und Verantwortungsübernahme.

Die Welt ändert sich. Wir versuchen Schritt zu halten mit einer sich immer schneller drehenden Welt, in Konkurrenz einer global vernetzten Menschheit und ihren Maschinen. Die Geschwindigkeit der Geschehnisse nimmt jeden Tag zu, und im permanenten Lauf verlieren wir dabei oft den Kontakt zu unserem Warum, unseren Zielen und auch den wichtigen Momenten.

Dieses Buch will genau hier einsteigen, einen Schnitt machen. In fünf Kapiteln analysieren die Autoren konsequent, woran es in der Gesellschaft, der beruflichen und privaten Konstellation hakt. Detailliert wird hierbei auf die Gründe und die persönliche Verantwortung eingegangen, Lösungsstrategien erarbeitet und Perspektiven aufgezeigt. Dieses Buch will ausdrücklich kein Ratgeber sein, sondern ein Begleiter. Es will nicht einmal gelesen werden, sondern immer wieder erneut ein Anstoß sein, als Impulsgeber und Referenz. In über 300 Seiten subsumieren sich die Erfahrung aus Wirtschaft, Militär, Psychologie und Menschenführung zu einem einmaligen Konvolut aus Erfahrung, Theorie und Praxis. Emphatisch und rational, einfühlsam und gleichzeitig auch unverblümt schreiben die Autoren über Ihre Erlebnisse, Konsequenzen und deren Resultate.

Jeder hat das Recht Fehler zu begehen, wenn er hinterher daraus lernt und seine Fehler nicht wiederholt. So finden wir immer wieder zurück auf unseren persönlichen Lebenspfad. Andernfalls laufen wir *am Leben vorbei*!

//

DIN 2103
DIN 2103

EINLEITUNG

* * *

„*Am Leben vorbei*“, so lautet die Überschrift unseres Lebensweges, wenn wir unser Selbst ignorieren und nur im Außen denken und handeln. Wir lernen es oft leider auch nicht anders und entwickeln dabei Glaubenssätze, die *am Leben vorbei* führen: Wir denken, wir können nicht glücklich sein, wenn wir Krise und Chaos erleben. Wir denken, dass drumherum alles flauschig sein muss und wir denken, dass Besitz und Status uns die Erfüllung bringen. Und wir denken noch so viel mehr. Aber das ist nicht das Leben – und dennoch ist der Buchmarkt voll von Ratgebern, die uns Rezepte und Denkwege zum Glück zeigen wollen. Ist dies hier auch so ein Ratgeber? NEIN. Und dennoch – am Ende geht es auch in diesem Buch um ein gutes Leben. Nur, dass wir dem Glück nicht blind hinterherrennen, sondern dass wir die Voraussetzungen schaffen, damit es sich von allein einstellt, aber eher wie ein angenehmer Nebeneffekt – nämlich eines aufgeräumten und strukturierten Lebens. Wir denken nicht nur, wir handeln. Und wir handeln nicht einfach drauf los, sondern wohl überlegt.

Werde glücklich in fünf Tagen? Das könnt ihr vergessen. Räumt euer Leben auf, trainiert eure innere Stärke wie einen Muskel und arbeitet damit an euch selbst – in vielen kleinen Schritten, die wir euch hier zeigen werden.

Nach der Lektüre dieses Buches wird nicht alles rosig für euch sein. Um das Leben in Ordnung zu bringen, braucht es erst eine absolut ehrliche Analyse, was nicht in Ordnung ist, ganz gleich wie unangenehm und schmerzhaft sie auch ist. Aber auch hier wollen wir euch einen Weg zeigen, denn so eine Bestandsaufnahme stürzt nicht über uns herein. Wenn ihr wollt, benutzt dieses Buch wie einen Trainingsplan, aber macht euch eins klar: Alle gestalten ihr Leben selbst, niemand übernimmt Verantwortung für andere. Es wird nie jemand zu euch kommen und die Aufräumarbeit erledigen. Das müsst ihr selbst tun. Dafür zeigen wir euch klare, simple und sehr kleine Schritte. Und einer davon ist, jeden Morgen sein Bett zu machen.

Wer sind wir überhaupt?

Wir sind drei Menschen, die unterschiedlicher nicht sein könnten, die aber vieles eint. Markus zum Beispiel ist ein Gruppenmensch, während Julien eher Einzelgänger ist. Markus ist eher laut und Julien tendenziell leise. Nadja ist jeweils beides. Was haben wir drei gemeinsam? Das Interesse am Menschen und an der Zukunft. Zumindest stellten wir das einmal bei einer gemeinsamen Autofahrt fest. Auch, dass wir uns keine großen Gedanken um Geld oder so machen. Wir machen uns große Gedanken um ein ganz anderes Thema: Nämlich um die Zukunft eines jeden einzelnen Menschen, der uns begegnet und für den wir immer irgendwie auch Verantwortung übernehmen. Wir stellten fest, dass wir alle drei Trainer sind und ja, auch Drillmaster, aber in lieb. Deswegen sind wir auch ganz normale Menschen. Wir haben Hobbys, Patchwork-Familien und Augenringe. Wir sind Teil des Durchschnitts – ohne dass wir uns durchschnittliche Gedanken machen würden. Und das macht uns zu Autoren dieses Buches. Im Außen sind wir vielleicht normal, aber im Innen sind wir es nicht, denn wir sind zutiefst glückliche und zufriedene Menschen, trotz des Chaos, dass wir alle durchlebt haben. Wir werden euch davon erzählen, in schrägen und ausgefallenen Geschichten. Zum Beispiel Julien wäre fast mal der Hintern weggeschossen worden. Auch Markus hat den Tod aus der Nähe kennengelernt und Nadja hat erst über ein Burnout, zwei Kündigungen und eine Scheidung schmerzlich gelernt, gesunde Entscheidungen zu treffen.

Wir sind aber keine Sklaven dieser Geschichten – und das ist auch schon die erste Lerneinheit.

Ein paar Fakten über uns

Julien +++ 15 Jahre Militärpolizist in Kriegs- und Krisengebieten +++ Nordküstenbewohner +++ nicht phlegmatisch aber nah dran +++ Gelassen, aber nicht im Egal-Land +++ Namensgeber des Buches +++ liebevoller Papa +++ Techie +++ bescheiden +++ Kaffeefreak +++ in Wirklichkeit heißt er D'Artagnan +++

Markus +++ Nahkampfausbilder für Spezialeinheiten weltweit +++ willensstark +++ der größte Gegner sind wir selbst +++ mutig +++ Selbstvertrauen +++ Kämpfen ist Charakterschule +++ Kaffeefreak +++ sprachbegabt +++ hoher Bildungsgrad +++ bescheiden +++ gemeinnützig +++ Klavierspieler

Nadja +++ Psychologin +++ Möglichkeiten statt Wirklichkeiten +++ Potenzialentfaltung (verborgene Schätze) +++ Neugierig auf Neues (Alice im Wunderland) +++ bescheiden +++ schwimmt gern im kalten Wasser +++ macht Champagner-Frühstück +++

***

KLEINE AUFGABE

Kreist auf der vorherigen Seite die Eigenschaft ein, die wir als Autoren gemeinsam haben. Vielleicht liegt nämlich hier auch schon eine Antwort für euch verborgen.

GROSSE AUFGABE

Legt euch ein (schönes, einladendes, schickes, besonderes) Notizbuch zu (falls ihr noch keins habt), in dem ihr reflektieren, eure Gedanken und eure Zwischenergebnisse aufschreiben könnt. Notiert dort gern eure ersten Gedanken zu der Eigenschaft, die ihr eben gefunden habt. Wir werden im Buch immer wieder Aufgaben für euch haben, daher wird das Notizbuch oft in Gebrauch sein.

//

1.50
F
BELGIE BELGIQUE

Kapitel 1

ANHALTEN

* * *

Der erste Schritt ist für viele oft der schwerste. Auch wenn es kein eigentlicher Schritt ist – und dennoch tut er etwas mit uns, denn er führt uns in unsere Tiefe und in die Breite des Lebens. Und überall liegen unbequeme Wahrheiten herum. Doch keine Angst, es gibt auch Schätze.

//

HALTET MAL AN! – EIN ABSTRACT

In diesem ersten Kapitel geht es um den ersten Schritt. Der ist aber kein Schritt, sondern ein Anhalten. Wir wollen hier verstehen, was wir überhaupt verändern können, also was in unserem Einflussbereich liegt. Es ist eine Lagefeststellung, die in dem Alltagsrauschen gar nicht so einfach ist (Kapitel 1.1). Sollten wir bei der Betrachtung während des Anhaltens also von Außen, dem Alltag, nach Innen, dem Seelenleben, vorgehen oder umgekehrt? Was gehört alles zu dem Innen und dem Außen? (Kapitel 1.2 und 1.3) Eins steht jedenfalls schon hier fest: Egal, ob wir uns selbst gerade abfeiern oder ob wir völlig verloren sind, wir können die Maschine zu jedem Zeitpunkt anhalten und uns fragen, was eigentlich in unserem Leben vorgeht. (Kapitel 1.4)

Dieses erste Kapitel ist also eine Orientierungshilfe. Denn wie das Leben immer so spielt: Plötzlich finden wir uns in einer Situation wieder, in der wir uns fragen: „Wie bin ich eigentlich hierher gekommen?" Dann ist es notwendig, inne zu halten und sich den Dreiklang der Problembewältigung vor Augen zu führen: Darstellen, Beurteilen und Handeln. Das erste und wesentlichste ist das Darstellen: Es ist eine emotionslose – und das heißt distanzierte – Analyse der Wirklichkeit, um die es in diesem ersten Kapitel gehen soll.

Hier heißt es hinzuschauen: Wer sind eigentlich die Monster, die Feinde, welche mir das Leben gerade schwer machen? Und ihr glaubt nicht, wer das fieseste Monster ist – und vor allem, wo es haust!

//

1.1 DIE SUPPE DES LEBENS

Gegen das ewige Rauschen hilft nur eins: Bewusstsein.

* * *

Dieses Buch ist von Menschen geschrieben worden, die funktionieren mussten, wo nichts mehr funktioniert hat. Wir haben extreme Situationen überstanden und ja, tausende andere Menschen durch extrem herausfordernde Situationen begleitet. So herausfordernd, dass schlichtweg keine Zeit für Schuldzuweisungen und Rechtfertigungen war! Auf diese Weise haben wir ein für allemal gelernt, dass sie zu keiner Lösung beitragen. Stattdessen haben wir gelernt, entschlossen „Stop!“ in dieser ganzen Lebenssuppe zu sagen. Und zwar sogar: „Stop, *anhalten*!“ Erst dann können wir unsere Situation genau, ehrlich zu uns selbst und vor allem umfassend betrachten.

Die *Suppe des Lebens* ist eine Metapher von Nadja für alles, was uns im Alltag umgibt: Die Nachrichten, die blinkenden Meldungen im Smartphone, das Verhalten anderer Menschen, die Fussball-Ergebnisse, die Wochenangebote im Supermarkt um die Ecke und die Lotto-Zahlen. Es ist sehr leicht zu verstehen, warum es uns schwer fällt, in diesem lauten und niemals endenden Rauschen zu uns selbst zu finden. Denn diese Dauerbeschallung ist für uns nicht normal. Es liefert uns täglich eine Menge von Ausreden, warum wir *am Leben vorbei* leben.

Nehmen wir die *Suppe des Lebens* als normal an, erschwert sie uns jeden Tag den klaren Blick und hindert uns daran, entspannt gesunde Entscheidungen zu treffen. Wir werden jeden Tag von Morgens bis Abends durch Anfragen, Geräusche und Aufforderungen zum Wischen und Drücken durchgebracht, und so erscheint uns die Zeitspanne zwischen zwei Weihnachten immer kürzer. Da wir uns selbst nicht spüren und nicht greifen können, fangen wir an, mit dem Finger auf andere zu zeigen und sie dafür zu beschuldigen, dass unser Leben nicht in Ordnung ist. In dieser Opferrolle (vgl. auch Kapitel 1.4) marschieren wir – auf eine ungesunde Art scheinbar fremdgesteuert – in großen Schritten *am Leben vorbei*.

Wie erkennen wir, wie sehr wir in dieser Suppe passiv treiben? Na, indem wir bewusst wahrnehmen, wieviel Zeit wir täglich verplempern, in dem wir Tratsch-Magazine lesen oder mit anderen über Dinge sprechen, auf die wir keinen Einfluss haben. Welche Fragen euch als kurze Zwischenprüfung dienen können? Bitte schön: Wie lange lesen, hören oder schauen wir Nachrichten (die meistens negativ sind)? Über wen zerbrechen wir uns den Kopf? Wie reden wir mit unseren Freunden und mit unserer Familie? Wie tief stecken wir in dem Social-Media-Sumpf? Wie sehr ignorieren wir in uns die Zeichen, dass wir uns vielleicht mit dem einen oder anderen Thema an oder mit uns auseinandersetzen sollten?

Was sind eigentlich die Fragen, die wir uns stattdessen stellen sollten? Die Antworten auf diese (teilweise noch unbekannte) Fragen sind schon erste Ergebnisse und ein sehr wichtiger Schritt in diesem Kapitel, das nicht umsonst den Titel *Anhalten* trägt. Das Ziel ist hier, unsere Wahrnehmung zu schärfen und uns die Fakten über unser Leben – das wir selbst gestaltet haben – bewusst zu machen.

Passiv treiben oder bewusst hinschauen?

Die Erkenntnis, dass wir passiv in einer Lebenssuppe umhertreiben (und ja, das tun wir fast alle und zwar sobald wir aufhören bewusst zu entscheiden), ist der erste Schritt zu unserem Selbst. Sortieren wir das Unnütze und Laute erst einmal aus, ergibt sich immer noch eine Mischung aus Dingen, die wir direkt steuern können und Dingen, die wir als Maßnahmen planen und gemeinsam mit anderen für das Gestalten unseres Lebens ergreifen können. Interessant: Ursprünglich wird dieses Vorgehen in Unternehmen bei Team-Retrospektiven eingesetzt, um den konkreten Handlungsbereich zu erkennen. Bevor das Team eine Entscheidung trifft, welches Problem es angeht, muss eine Klarheit darüber herrschen, welche Dimensionen sich regulieren lassen.

Das schwierige an der Suppen-Metapher ist die trügerische Grenze zwischen diesen drei Kreisen. Denn im Alltag sind wir permanent sehr vielen Themen gleichzeitig ausgesetzt und können keine klare Linie ziehen. – Das Unterscheiden zwischen den beiden inneren Kreisen in dieser Orientierungshilfe ist also Anhalten für Fortgeschrittene.

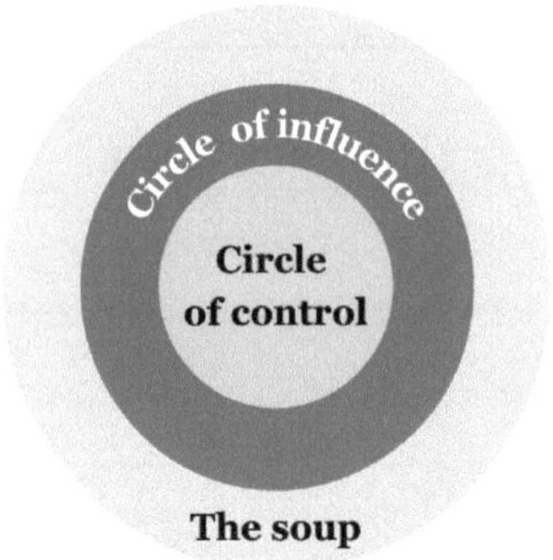

Circle of control: Wir können selbst Maßnahmen ergreifen und etwas unternehmen.

Circle of influence: Wir können etwas gemeinsam mit anderen unternehmen.

The soup: Die Suppe des Lebens, auf die wir bloß reagieren können.

„Circles and Soup“ ist ein Entscheidungsmodell für Teams. Steven Covey hat in seinem Buch „7 habits of highly effective people“ die beiden inneren Kreise beschrieben, und aus „The Soup“ hat Nadja die *„Suppe des Lebens“* als eigeneWeiterentwicklung gemacht.

Bewusst machen!

Das ist aber gleichzeitig auch das Tolle an dem Modell: Wir können auf einem Blatt Papier unsere Lebensbereiche sortieren und bekommen dadurch eine Klarheit, die wir brauchen, um anhalten und unser Problem benennen zu können.

Es zeigt uns: Das Leben hat einen Bereich, den wir gestalten können, und wenn wir in diesem Bereich bleiben und ihn beeinflussen, DANN leben wir nicht *am Leben vorbei.* Ganz schön gut, oder?

Das Modell hier lässt sich auch sehr gut mit dem bekannten Gelassenheitsgebet beschreiben: *„Gib mir die Gelassenheit, Dinge hinzunehmen, die ich nicht ändern kann, den Mut, Dinge zu ändern, die ich ändern kann und die Weisheit, das eine vom anderen zu unterscheiden."* Zu sehen, dass wir sehr viel in unserem Leben loslassen dürfen, weil wir sowieso keine Kontrolle darüber und recht wenig Einfluss darauf haben, ist eine weise und eine gesunde Entscheidung. Mehr dazu im Kapitel 2.

//

***

AUFGABE 1.1

Malt euch drei Kreise als drei Zwiebelringe auf. Der innere Kreis heißt „Direkt durch mich steuerbar", der mittlere Kreis heißt „Durch mich gestaltbar" und der äußere Kreis „*die Suppe des Lebens*". Sortiert Themen in diese drei Kreise ein, die euch gerade sehr stark in Anspruch nehmen. Beglückwünscht euch selbst zu der Erkenntnis, das erste Mal angehalten zu haben.

Seid ihr nun bereit, aus dem Karussell auszusteigen und das Rauschen anzuhalten?

//

1.2 UNSER AUßEN UND INNEN

Sowohl das Außen als auch unser Innen ist weder schlecht noch gut. Beide sind wie das Wetter. Sie sind. Was wir aber sagen können: Im Außen spiegelt sich das, was wir im Innen insgeheim nicht mögen. Daher bemerken wir Dinge erst, wenn sie negativ für unser individuelles Selbst sind. Manche finden den Winter schön, manche hassen ihn. Daher bekommen wir nicht was wir wollen, sondern was wir dringend brauchen.

* * *

Wir sehen die Welt nicht, wie sie ist. Wir sehen die Welt wie wir sind.

– Anaïs Nin

Wir spielen immer irgendwelche Rollen – und das meistens überzeugend. Aber was macht uns als Person eigentlich aus und wo befinden wir uns im Leben? Warum sind wir als Privatmenschen andere als im Job? Warum fällt es uns darüber hinaus auch noch so schwer, unser Selbst zwischen den unterschiedlichen Rollen zu finden? Warum ist es für uns fast schon unerträglich, uns einzugestehen, dass wir in manchen dieser Rollen nicht glücklich sind – zum Beispiel im Beruf? Wann haben wir gelernt, dass wir für unser Glück sehr viel ertragen und sehr viel über uns ergehen lassen müssen?

All diese Fragen illustrieren einen grundsätzlichen Gegensatz, der uns alle umtreibt: Die vermeintliche Unvereinbarkeit von den äußeren Rollen und dem inneren Sein. Und in der Lebenssuppe (vgl. Kapitel 1.1) stellen wir uns nie die zentralen Fragen wie:

Wer bin ich als Mensch? Oder: Bin ich erfüllt von den Dingen, die mich umgeben? Denn ständig sind wir mit irgendeinem Kram und Schnickschnack abgelenkt. Daher scheitern wir an der nüchternen und ehrlichen Lagebeurteilung unserer Person – vor der wir sowieso Angst haben. Also lenken wir uns als ultimative Vermeidungstaktik lieber ab. Die Konsequenz: Ohne Impuls von außen würden wir uns das alles nie eingestehen. Dieses Buch hier ist zum Beispiel auch ein Impuls von außen. Schon am Ende des ersten Kapitels werden wir herausgefunden haben, wer hier wen sabotiert und uns daran hindert, ein selbstbestimmtes Leben zu führen. Ist es das Außen oder das Innen? Es ist wichtig, das herauszufinden, denn wenn wir im Gefecht eines gelernt haben, dann ist es: KENNE DEINEN FEIND.

Verpflichtungen aller Art und ihr Sinn

Dieses Kapitel hat Julien geschrieben. Das ist deswegen wichtig, weil wir durch seine Geschichte viel über das Zusammenspiel von außen und innen verstehen können. Als Spoiler: Das Außen steckt voller Verpflichtungen, was Julien spätestens mit dem Eintritt in den Grundwehrdienst bei der Bundeswehr gemerkt hatte, denn das Militär ist so stumpf und rauh, wie alle Klischees uns das glauben machen wollen. Kein Tiefgang, keine Gefühle. Ein reines System, in dem alle exakt ihre Rollen zu erfüllen haben.

Das Außen kann aber auch völlig strukturfrei sein und wir sind verloren, finden keinen inneren Halt. Auch das kennt Julien aus seinem Elternhaus: Es war in seiner Jugend familiär schwierig, eine enge Elternbindung hat sich nicht entwickelt und Anleitung oder Ideen für sein Leben wurden nicht vermittelt – und das ist auch einer der Gründe, warum er überhaupt zum Militär gegangen ist. Doch auch das militärische Leistungssystem hat ihm nicht gut getan: Eben noch neben dem Abitur bei einem Caritasprojekt Häuser in Bosnien aufgebaut und mit bosnischen Jugendlichen zusammengearbeitet und einem Freund nach einem schweren Schicksalsschlag in der Firma ausgeholfen – und mit einem Mal wird sein Leben völlig fremdgeordnet: Neue, simple, hierarchische Strukturen mit einer klaren Durchtaktung von morgens bis abends. Irgendwer sagt beim Militär immer, was gerade zu tun oder zu lassen ist. Julien sagt jetzt im Rückblick: Er hätte einfach mehr Anleitung von zu Hause gebraucht, vielleicht wäre er einen ganz anderen Weg gegangen. Interessant, oder? Wir lernen: Äußere Strukturen sind elementar!

In Bewertungsstrukturen leben oder mit ihnen?

Wir bewerten immer und alles, denn dadurch haben wir eine Orientierung in einem komplexen Außen. Die Bewertung anderer hindert uns oft daran, unsere eigenen Entscheidungen zu treffen. Zu groß ist die Angst vor Ablehnung. Aber: Egal was wir tun, das Außen bewertet uns so oder so. Also können wir auch gleich tun, was uns gut tut.

Wenn wir uns der gesellschaftlichen Konvention beugen, werden wir nur in dem Maße selbstbewusst, wie es die Grenzen zulassen. Super, keiner mobbt uns, weil wir eben reinpassen. Aber: Es gibt dann keine Lady Gagas mehr und wir haben nur noch Mittelmaß, was unsere Gesellschaft ernsthaft krank macht. Wir implodieren, wenn wir unsere Veranlagungen nicht ausleben. Der Konflikt, die Natur probiert es immer, sich ihren Weg zum Leben zu bahnen. Der Baum sagt: „Ich möchte nach links wachsen, aber da ist eine Mauer im Weg. Was mache ich?“

Und was die Bewertung des Außen an sich betrifft: Das Außen ist weder gut noch schlecht. Es ist wie das Wetter. Es ist. Klar kann ich das Wetter gut oder schlecht finden; aber in dieser Bewertung spiegelt sich immer das, was wir in unserem Innen nicht mögen, denn wir bemerken die Dinge erst, wenn sie doof für uns werden. Wir bewerten auch an anderen immer genau das, was unsere eigene Schwachstelle ist. So war für Julien die Grundausbildung beim Militär echt hart (wie für viele andere auch), aber nur, weil er vorher keine Struktur in der Form kannte und es natürlich alles auch neu und ungewohnt war. Daran gewöhnen wir uns aber.

„Das „Außen“ hat die klare Kontrolle übernommen und strukturierte plötzlich mein Leben. Ich lernte viele Dinge. Um mich herum war dabei eine völlig bunte Mischung an Menschen, die meisten aus dem Handwerk, dazu ich, der einzige mit Abi. Wenig zu lachen erstmal. Pech gehabt, mal biste Hund, mal biste Baum. Erste Lektion.“

– Julien

Wenn wir das lesen, empfinden die meisten von uns Mitleid. Wir wollen in so einer Witterung einfach nicht leben und wünschen uns Harmonie, oder, wie Nadja immer gerne sagt: „Alles soll schön flauschig sein." Die Realität ist aber sehr oft auch recht hart und alles andere als flauschig. Was Julien beim Militär gelernt hat – und das ist der Sinn der Ausbildung und auch der Sinn dieses ersten Kapitels – : unschöne Situationen anzunehmen, sich damit zu arrangieren und damit zu leben. Markus hat beim Gespräch über dieses Kapitel gesagt: Was unterscheidet einen Amateur von einem Champion? Ein Champion macht da weiter, wo ein Amateur aufhört." Er meint damit, dass wir immer genau dann weitermachen sollten, wenn es echt doof wird (oder sobald wir es als doof bewerten). Denn genau an den doofen Stellen des Lebens, wenn das Außen am dööfsten ist, hat das Innen das größte Wachstumspotenzial . Heute sagt Julien:

„Ich bewerte Dinge heute ganz anders: Die *Suppe des Lebens* ist nicht beeinflussbar, sie offeriert sich mir, wie sie gerade ist. Sie kann eine Bedrohung sein. Ich kann aber immer alles in meiner Macht Stehende tun, damit sie für mich erträglich wird und die sich mir aktuell bietende Lage zu meinen Gunsten führen."

Wie hat Julien das geschafft? Er hat gelernt, das Innere aufzuräumen, um das Außen anzunehmen, wie es gerade ist. Denn die Dinge da im Außen müssen einfach getan werden. Wir brauchen viele kleine Schritte, bis uns das gelingt – und die wir hier in diesem Buch vorstellen werden. Denn immer daran denken: Die Steuererklärung kommt so überraschend wie Weihnachten, für das wir noch ein Geschenk für Mutti brauchen. Wir müssen uns um die Dinge kontinuierlich kümmern. Ihr merkt schon, langsam wird das Buch unbequem, oder? Dann habt ihr vielleicht ein Problem mit Kontinuität. Aber keine Sorge, wir haben das auf dem Schirm und helfen euch noch ganz ausführlich dabei, diese hinzubekommen, ohne eine militärische Grundausbildung machen zu müssen. Denn auch Normalos können lernen, die Dinge des Außen blind zu erledigen, ohne im Innen lange nachzudenken.

Und jetzt betrachten wir das Außen und das Innen noch einmal genau, denn die genaue Lagebeurteilung ist einfach elementar wichtig.

//

***

AUFGABE 1.2

Überlegt mal, wann ihr in einer völlig fremden Welt ward und was das mit eurem Inneren gemacht hat. Liegen hier vielleicht irgendwelche unbequemen Wahrheiten über euer Inneres herum?

//

1.3 UNSER ERSTER FEIND: DAS AUßEN

Wer oder was hindert uns daran, unser eigenes Leben zu führen? Können wir uns das überhaupt erlauben: einfach mal das tun, was wir wollen, ohne permanent jemandem auf den Schlips zu treten? Wenn wir dieses Gedankenkarussell und diese Angst nur irgendwie zum Schweigen bekommen würden! Ach wenn, wenn ...

* * *

Wenn & dann

Das Leben wäre halb so schwer,
wenn das Wörtchen wenn nicht wär'.

Alles in unserem Leben soll schöner, besser, größer werden. Wir fangen mit einer kleinen Wohnung an, dann soll es bitte ein Haus sein. Wir fangen mit einem Fahrrad an, dann soll es bitte ein Porsche sein. Wir fangen mit einem Job an, über den wir dankbar sind, dann soll es bitte eine angesehene Position sein. Was macht dieses Streben mit uns?

Wir lernen, dass wir nur dann gut sind, wenn wir all diese Ziele erreichen. Niemals, keinen einzigen Tag in unserem Leben, sind wir einfach so zufrieden mit dem, was wir bereits haben, wer wir bereits sind. Das Wenn ist bedingungslos und kommt uns vor wie eine Pflicht von Außen. Denn egal mit wem und wo wir uns treffen, die erste Frage lautet: „Hey, und bei dir so?“ – Und was wollen wir hören? Na, dass Dinge sich nach vorne bewegen und besser, größer und schöner werden. Wenn wir jedoch sagen, dass bei uns alles gut ist, werden wir als langweilig abgestempelt. Und wenn wir erzählen, wie dankbar wir für das sind, was wir haben, werden wir als Esoteriker abgetan – und um uns herum wird ein großer Bogen gemacht. Wer will schon mit solchen Menschen zu tun haben, die nicht streben und stets weiterhin höher, schneller, größer haben wollen, sondern einfach so zufrieden sind? Mit denen stimmt doch eindeutig etwas nicht!

Also streben wir nach jenem Höher, Schneller und Weiter als wesentliche Leistungsfaktoren unserer westlichen Wirtschaft und nehmen das äußere Wenn in Form von Vorschriften und Konventionen an, um bloß nicht auf- bzw. aus dem Raster zu zu fallen und machen, was das System – das Außen – von uns erwartet. Denn wenn es uns ablehnt, was dann? Ja das Wörtchen Wenn und sein manchmal ungewisses Dann...

Könnt ihr noch? Wir haben noch mehr Wenns für euch mit ein paar kritischen Fragen, die, Achtung, eine Falle sein können:

- Wenn wir die Zeit hätten, uns um uns und unser zufriedenes Leben zu kümmern, wären wir dann überhaupt in der Lage dazu, nämlich wegen der Welt um uns herum, der berühmten *Suppe des Lebens* (Kapitel 1.1)? Und auch wegen all' der Menschen, die uns umgeben? Seien wir mal realistisch: Familie, Freunde, Kollegen, Nachbarn, soziale Kontakte – wir können sie nicht kontrollieren. Wie sollen wir aber bitte unser eigenes Leben führen, wenn all diese Personen permanent etwas von uns wollen?

- Wenn wir auch nur ein kleines bisschen den Konventionen und unserer Erziehung folgen, dann entsteht eine ganz lange Liste von Dingen, die wir tun müssen. Die Eltern anrufen, gesundes Essen für die Kinder kochen, Emails und Nachrichten beantworten, Kollegen im Urlaub vertreten, für eine Beförderung kämpfen, zum Straßenfest mit den Nachbarn erscheinen (gut gelaunt und mit viel Bierdurst), Auto waschen, Rasen mähen, Schwiegermutter einladen, Altpapier entsorgen, Müll trennen, Hände schütteln, Schultern klopfen und immer lächeln, wenn jemand ein Selfie macht. Ist das nicht furchtbar anstrengend?

- Wenn wir das tun, wonach uns ist, wäre das nicht viel schöner? Wäre es nicht eine angenehme Weltordnung, in der es nicht als unhöflich gilt, wenn ich eine gesellschaftliche Pflicht pro Woche vergesse? Warum haben wir so oft das Gefühl, uns entschuldigen und erklären zu müssen, wenn wir etwas tun, wonach uns gerade ist? Ja, ich esse Kartoffelchips heute Abend und ja, es gibt nicht mal eine Alibi-Tomate dazu, und ja, ich weiß, wie viele Kalorien diese Tüte enthält, aber LASS MICH JETZT EINFACH MEIN LEBEN LEBEN!

Können wir das wirklich tun? Ohne permanent jemandem auf den einen oder anderen Schlips zu treten? Können wir überhaupt noch irgendwas tun – so, wie wir es lieben – ohne ständig bewertet und mit einem Ideal verglichen zu werden?

Wir haben gelernt, dass wir nicht normal (= nicht der Norm entsprechend) sind, sobald wir uns abweichend, seltsam, unpassend verhalten, also lassen wir das. Wir haben gelernt, dass die Außenwelt viel ungefährlicher ist, wenn wir innerhalb der Anstalt bleiben. Und mit der Anstalt meinen wir hier alles, was „normal“, innerhalb der Konventionen und „wie alle“ bedeutet. Alle arbeiten lustlos ihre 50 Stunden pro Woche, so auch ich. Alle waschen das Auto am Samstag, also auch ich. Alle trinken Kaffee mit Hafermilch, also auch ich. Auch wenn es mir nicht schmeckt.

Böse, böse Welt!

//

***

AUFGABE 1.3

Bitte schätzt, wie oft das Wort „wenn“ in diesem Kapitel vorkommt. Vielleicht inspiriert es euch darüber nachzudenken, wie oft ihr das Wort in eurem Alltag benutzt.

//

Headmaster

1.4 DER ZWEITE FEIND: DAS INNEN

Eben in 1.3 haben wir euch etwas auf den Arm genommen. Wir haben es euch schön flauschig und einfach gemacht. Und ihr dachtet: Ja, genau! Die anderen sind schuld! Die unbequeme Wahrheit aber ist: Wir sind uns selbst der größte Feind und es braucht Mut und Kraft, sich das einzugestehen. Keine Sorge, Mut und Kraft kommen in diesem Buch auch noch vor, aber alles Schritt für Schritt.

* * *

Wie bringen wir es alltäglich fertig, uns zu unseren eigenen Gegenspielern zu machen?

– Paul Watzlawick

Wer ist schuld? So die erste Frage, sobald etwas schief gegangen ist oder sich abzeichnet, dass ein Schaden eingetreten ist. Die Lösung des entstandenen Problems kommt erst später auf den Tisch, weil es viel wichtiger erscheint, wer schuld ist. Denn das ist nicht nur eine Frage der Verantwortung, sondern auch der Entlastung der eigenen Person. Es scheint ein Reflex zu sein, welcher uns sofort die Schuldfrage stellen lässt, als wäre es das Wichtigste auf der Welt, egal ob sofortige Reaktion notwendig ist, um weiteren Schaden abzuwenden. Wenn der Schuldige feststeht, dann hat der Tag plötzlich einen Sinn, eine Ordnung, eine Orientierung in all' der Lebenssuppe (vgl. Kapitel 1.1). Das Versprechen einer festen Ordnung ist zu verlockend, als dass man sie in einer extremen Situation durchbrechen mag, weswegen der Schuldige schnell und mit aller Vehemenz festzustellen ist.

Aber dann? Klar, wir haben einen Sündenbock im Außen gefunden – mag es ein Umstand oder eine Person sein, eine Konstellation von Zufällen oder eine Lebenssituation. Aber was hat sich jetzt geändert? Fühlen wir uns jetzt besser? Ist das Problem verschwunden mit der Anklage? Nein. Nicht im geringsten, bis auf das wir nach einer Schuldzuweisung innerlich befriedigt sind und uns nicht mehr belastet fühlen. Woran das liegt? An einem ganz einfachen Mechanismus, welcher ohne unseren Beitrag automatisch und unmerklich zu arbeiten beginnt, auch dann, wenn wir Opfer sein wollen. Der Mechanismus arbeitet wie ein treues Uhrwerk. Ein Schuldiger setzt eine Schuld voraus, heißt: Wo eine Schuld ist, ist das Opfer nicht weit. Es ist aufgrund dieses Mechanismus sehr leicht, bequem und allzu verlockend, sich selbst die Opferrolle zuzuschreiben, ganz gleich in welches Schlamassel wir uns hineinmanövriert haben. Zum Beispiel der ach so blöde Polizist mit seinem Alkoholtest. Nur wegen dem sind wir jetzt vier Wochen Fußgänger – ist klar, oder?

In diesem Kapitel geht es ja ums Anhalten, bevor wir im zweiten Kapitel das Erkennen betrachten. Uns ist es wichtig, mit euch ganz kleine Schritte zu gehen. Ein sehr kleiner, aber wichtiger Schritt ist es, bei den kleinen und großen Katastrophen des Lebens inne zu halten. Einen Moment durchzuatmen – denn sonst verfallen wir in den Aktionismus der Anklage. Wenn wir innehalten, können wir sehr genau überlegen, was wir selbst zu dieser Situation beigetragen haben.

* * *

Das ist wahrscheinlich einer der wichtigsten Stellen in diesem Buch. Vielleicht solltet ihr hier anhalten, euch die Stelle markieren und darüber nachdenken.

* * *

Der warme, weiche und bequeme Stuhl des Opfers ist für die Bewältigung einer Situation nicht hilfreich. Und doch nehmen wir zu gerne auf eben jenem Stuhl platz und richten es uns oft sogar sehr gemütlich darauf ein. Dafür gibt es zwei Gründe:

1. Ein Opfer bekommt Mitleid, was wiederum Anteilnahme und Aufmerksamkeit bedeutet. Wir stehen im Fokus – und uns geht es erst einmal gut, denn so kümmert sich jemand um uns und wir müssen selbst nicht handeln (dazu in Punkt 2 und ausführlich dann in Kapitel 4). Wer ist schon gern der Unmensch, welcher Notleidenden den Zuspruch oder die Unterstützung versagt? Mit jedem Menschen, der uns Anteilnahme ausspricht und Beistand verspricht, sinken wir tiefer in den Opfer-Stuhl, passen uns an und schlagen mehr und mehr die Beine übereinander. Weil schuld sind schließlich die anderen und das Außen, was uns zu Punkt 2 führt:

2. Ein Opfer ist nicht schuld. Die klare Verteilung der Opfer-Täter-Rollen schafft eine reizvolle Balance. Denn das Opfer sieht keinen Handlungsbedarf, etwas an der Situation zu ändern. Es ist schließlich nicht schuld, zufällig zur falschen Zeit am falschen Ort gewesen zu sein. Welchen Grund gäbe es also nur im entferntesten etwas an den

eigenen Umständen, der Lebensführung oder den inneren Einstellung zu ändern? Welche Handlungsinitiative leitet sich aus dem Opferstatus ab?

Ihr seht, es ist echt haarig und nicht wenige von euch werden jetzt Unbehagen empfinden. Ja, der Opferstuhl wird mit einem Mal unbequem. Denn genau hier liegt unser Problem: Er ist viel zu gemütlich. Je länger und intensiver wir passiv auf ihm herumsitzen und nicht handeln, umso schwerer wird es, sich zu erheben und loszulaufen.

– Wenn ihr an dieser Stelle weint: Es ist ok. Tut es. Und seid euch sicher: Wir nehmen euch an die Hand und zeigen euch, wie ihr lernt, euer Leben in superkleinen und somit sicheren Schritten zu ordnen, sodass ihr dann über diese kleinen Schritte nicht nur mutiger, sondern auch routinierter werdet. Denn wie wichtig Routine ist, werden wir in Kapitel 3 und 4 lernen.

Was ist jetzt zu tun?

Wir hoffen, ihr habt eben wirklich wenigstens einmal kurz angehalten, das Buch zur Seite gelegt und nachgedacht. Jetzt kommt ein weiterer wichtiger Schritt. Ob ihr ihn gleich im Anschluss geht oder erst nach der kompletten Lektüre des Buches, ist uns egal. Aber geht ihn mit der offenen und wackeren Einstellung, dass ihr immer Handlungsoptionen habt – und dass Schuldzuweisung nirgendwohin führen, auch nicht zu einer ehrlichen Analyse des Problems. Am besten ihr ersetzt in eurem Kopf einmal „Schuld“ durch „Ursache“. Wenn ihr das geschafft habt, dann seid ihr auch bereit für das zweite Kapitel, in dem wir euch klar machen, mit welchen Waffen ihr kämpfen könnt, also aus was ihr schöpfen könnt.

Wie geht das mit der Analyse der Ursache? Relativ einfach. Wie gesagt, ihr müsst dabei nur einen Feind besiegen, und das seid ihr selbst auf dem bequemen Opferstuhl: Erhebt euch daraus und verdeutlicht euch euer Problem genau, ehrlich und vor allem umfassend. Fragt euch: Wann genau war mein Denken, meine Entscheidung oder mein Verhalten Ursache für die jetzige Situation? Auch wenn wir manchmal nicht sofort wissen, warum wir abgebogen sind: Wenn wir ehrlich zu uns sind, finden wir eine Antwort. Erkennen wir die Ursache nicht in unserem Denken und Handeln, verfangen wir uns immer wieder in die Schuldzuweisung an externe Faktoren (die Eltern, die Gesellschaft, der Arbeitgeber) und leben somit *am Leben vorbei*.

Es folgt ein kleiner versöhnlicher Exkurs. Denn auch wenn wir eine Militärvergangenheit haben, wir wollen mit euch keinen Drill durchziehen. Wir setzen auf viele kleine Schritte. Den ersten habt ihr geschafft. Seid stolz auf euch!

//

***

AUFGABE 1.4

Schreibt ein Problem auf, welches ihr bei jemandem anders seht (zum Beispiel Streit mit den Nachbarn). Findet (hypothetische – wir wissen es ja nicht genau) Ursachen in dem Denken und Verhalten der Person, die dieses Problem hat.

Wiederholt dann diese Übung mit euch selbst. Seid ehrlich und kreativ, denn manchmal müssen wir um die Ecke denken, um die Ursache unserer Probleme in uns selbst zu erkennen.

//

EXKURS: UNBESCHWERT DURCHATMEN

Wer erinnert sich nicht an seine Zeit im Kindergarten? Damals und heute hat sich eigentlich wenig geändert. Jeden Morgen stürmen kurze Menschen mit gellenden Spitzenschreien auf den Eingang zu und werfen sich auf ihre Spielsachen und Freunde. Der Kindergarten ist ein Hort des Glücks, der unbegrenzten Möglichkeiten – einfach ein Schlaraffenland für Kinder. Im Anschluss kommt die Schule, welche wir mit unfassbarer Neugier erwartet haben: Alles neu, alles spannend, ein neues Leben! Dort hieß es, Schreiben, Lesen und Rechnen zu lernen, also lauter Dinge, die irgendwie in die Welt der Erwachsenen gehören und damit interessant waren. Doch irgendwo, ganz leise und heimlich geht die Ur-Neugier verloren. Kaum spürbar und ganz sanft, geradezu unmerklich verschwindet sie. Die Schule wird langweilig, dröge, zur Belastung und nicht selten sogar zur Qual. Das Stresslevel von Kindern ist heutzutage höher denn je und ebenfalls die Anzahl derer, welche unter Depression, Burnout oder anderen Symptomen leiden. An einem unsichtbaren Punkt passiert also etwas, was sehr schade ist und dem wir nicht einmal einen Namen geben können. Aus der Sicht der Pädagogen ist es der Vergleich, welcher alles zunichte macht, was mit Spiel, Spaß und Spannung zu tun hat. Denn es geht in dem Schulsystem oft darum, am schnellsten, besten oder begabtesten zu sein. Die Normierung schränkt Kinder ungesund ein und presst sie schon früh in eine berufliche Funktionalität hinein. In viel zu großen Schritten und das auch noch auf Wegen, die nicht ihre eigenen sind. Dass hier Talente oder Begabungen der Anpassung zum Opfer fallen ist uns völlig klar.

Wäre es nicht etwas Wunderbares, wenn wir heute zu unserem altem Glück zurückfänden, jenes, was wir in der Sandkiste oder beim Rutschen auf dem Spielplatz empfanden? So abwegig ist das nicht. Denn auf der Suche nach der Quelle von echter und innerer Freude wird uns klar, dass Glück mehrere Faktoren hat, welche quantitativ ungefähr gleich verteilt sind (von Person zu Person etwas unterschiedlich).

Was macht also das Glücksgefühl im Kindergarten aus? Es ist das pausenlose neue Entdecken, Ausprobieren und Spielen, die Spannung, die Erfahrung und das Testen. Niemand verbietet es uns, es den Kindern nachzumachen, wieder einen Schritt zurückzutreten, heraus aus der Normierung und hinein in die ungezwungene Welt unserer eigenen Erlebnisse. Wir hören ja nicht mit dem Spielen auf, weil wir erwachsen werden, nein, wir werden erwachsen, weil wir aufhören zu spielen. Schade!

Ein Dia-Gramm Glück

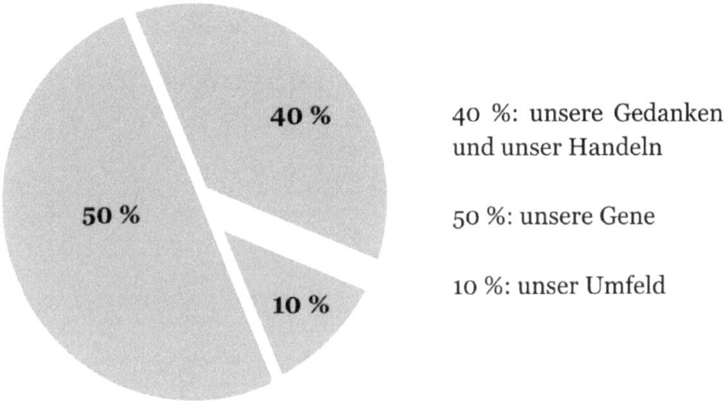

Quelle: Vgl. Sonja Lyubomirsky, Kennon M. Sheldon, David Schkade, Pursuing Happiness: The Architecture of Sustainable Change, in: Review of General Psychology, 2005, Vol. 9, No. 2, 111–131, S. 116

Die kanadische Glücksforscherin Sonja Lyubomirsky ist eine der bekanntesten Vertreterinnen der Positiven Psychologie. Sie hat jahrelang über Faktoren und Verhaltensweisen geforscht, die uns langfristig und nachhaltig glücklich machen. Nachdem sie in vielen empirischen Studien die Wirksamkeit von positiven Interventionen auf das Glücksempfinden bestätigen konnte, wollte Sonja Lyubomirsky genauer wissen, wieso dem so ist. Um den dahinter liegenden Mechanismen auf die Spur zu kommen, d.h. um herauszufinden, welche

Prozesse tatsächlich zum Glücklichsein führen, hat sie in einer breit angelegten Untersuchung mehrere Studien zusammengetragen. Das Ergebnis – das Kuchendiagramm oben – erklären wir euch hier.

Die Untersuchung hat herausgefunden, dass es drei Quellen gibt, und diese beeinflussen das Glücksniveau zu unterschiedlichen Anteilen: Ein Teil entfällt auf die Gene, der kleinste Teil auf die äußeren Lebensumstände (unser Außen; der kleinste Teil!) und ein fast so großer Anteil wie die Gene werden von unserem aktiven Denken und Handeln beeinflusst, also durch unsere Einstellung und unser Verhalten. Da es hierbei immer wieder zu Missverständnissen kommt, ist es uns wichtig, dass ihr das Kuchendiagramm versteht und interpretiert. Es zeigt euch nämlich NICHT die prozentualen Anteile in Bezug auf euer persönliches Glückserleben an. Die Aussage, dass 50% eures Glücks von den Genen abhängt, ist nämlich schlichtweg falsch. Das Kuchendiagramm beschreibt vielmehr, wie ihr euch Unterschiede im Glücksempfinden zwischen euch und anderen Personen erklären könnt. Im Klartext: Wenn eine Person ein höheres Glücks-Ausgangsniveau als eine andere Person hat, dann ist das zu 50% auf unterschiedliche genetische Veranlagung zurückführen, zu 10% auf unterschiedliche äußere Umstände und zu 40% darauf, dass Person 1 sich anders verhält und eine andere Einstellung hat, als Person 2.

Warum haben die äußeren Faktoren so wenig Einfluss auf das Glücksempfinden? Weil wir uns viel zu schnell daran gewöhnen. Unser Gehirn nimmt sie als „new normal“ an und will weiter. Die Raupe Nimmersatt ist unterwegs auf der Suche nach neuen äußeren Glücksmachern und sagt, sie ist mal wieder hungrig und unglücklich. Wir kehren also nach einer kurzen Glück-im-Außen-Euphorie schnell auf das ursprüngliche Un-Zufriedenheits-Niveau zurück.

Und jetzt eine Frage an euch:

Von diesen äußeren Faktoren, die unser Glücksempfinden nur zu 10% beeinflußen, lassen wir uns verrückt machen? Jahrelang? Unser Leben lang?

Kein Wunder, dass das nicht funktioniert, wenn wir die zahlreichen Möglichkeiten vernachlässigen, ein zufriedenes Leben zu führen. Deswegen geht es in diesem Kapitel darum, anzuhalten, um in Kapitel 2 zu erkennen, wo eure Kraftquellen verborgen liegen. Denn wir sind überzeugt: Es liegt in euren Händen, zu einem sehr großen Teil. Ihr seid verantwortlich für euer Lebensglück. Und vielleicht – nur vielleicht –

seid ihr nur noch deswegen nicht ganz zufrieden, weil ihr diesen wissenschaftlichen Fakt nicht kanntet.

Vielleicht aber auch (und nur vielleicht) seid ihr deswegen noch nicht ganz zufrieden, weil ihr euch vor der Verantwortung für euer Glück und euer zufriedenes Leben drückt. Sollte dem so sein, so macht das nichts – wir haben hier noch ein paar wertvolle Empfehlungen in den folgenden Kapiteln zusammengestellt.

//

MK·60

1.5 ANHALTEN FRÜHER UND HEUTE

Okay. Wir haben euch bis hierher ganz schön gefordert. Die schlechte Nachricht: Das war noch nicht alles, bei weitem nicht. Eine gute Nachricht haben wir auch: Wir glauben an euch! Denn es ist trotz bitterer Einsicht und dem Kuchendiagramm nachvollziehbar, menschlich und eben normal, wenn wir uns manchmal unglücklich fühlen. Auch wenn wir der Meinung sind, dass das Außen wertneutral wie das Wetter ist (ihr erinnert euch: *Es ist.*), haben wir es heute mit den permanenten Social-Media-Reizen wirklich nicht leicht. Nach einem kleinen Blick in die Wissenschaft folgt hier ein kleiner Blick in die Geschichte – und warum das Anhalten gerade heute alternativlos ist.

* * *

Wenn du weißt wo du bist, kannst du sein, wo du willst.

– Julien

Es ist das Jahr 1750 oder so: Ein durchschnittlicher Mensch geht zu einer durchschnittlichen Arbeit. Vermutlich zu Fuß, an singenden Vögeln und bellenden Hunden vorbei. Denn dieser durchschnittliche Mensch hat alles in seiner Fußnähe: die Familie, die Lebensmittel, die Arbeit, die Kirche, die Freunde. Und in dieser übersichtlichen Menge an Orten, Menschen und Gegebenheiten ist auch die Zahl der Reize übersichtlich. Die Probleme und Schwierigkeiten werden als Tatsachen hingenommen. Die Post kommt einmal pro Woche und fremde Menschen treten recht selten in das geregelte Leben ein.

Viele Möglichkeiten hat ein durchschnittlicher Mensch in so einem Umfeld nicht, sondern nur sehr überschaubare Wirklichkeiten. Meistens ist das Leben bereits in dem Moment verplant, in dem er auf die Welt kommt.

Es ist 2021: Ein durchschnittlicher Mensch ist permanent mit allem auf der Welt verbunden. Wir können 24/7 auf alles Wissen der Welt und somit auf alle Möglichkeiten zugreifen und an Treffen und Veranstaltungen von überall teilnehmen – Hauptsache, es gibt Internet. Wir arbeiten global, digital, wir heiraten wie in Hollywood und gehen wieder auseinander, um vielfältige Patchwork-Familien zu gründen und wählen Social Media Influencer zu unseren neuen Predigern. Die

Post wird mehrfach am Tag zugestellt, digital und physisch, auch die Lebensmittel kommen bis vor die Haustür, frisch oder gekocht, und für all' meine Bedürfnisse gibt es Produkte und Lösungen.

Fear of missing out: #fomo als Fluch

Ist euch schonmal aufgefallen, dass es trotz der vielen Möglichkeiten eine Unmöglichkeit gibt? Nämlich die, Social Media auch nur ansatzweise fertig oder zu Ende zu lesen. Permanent kommt neuer Content in Form von Videos, Beiträgen, Ankündigungen und und und. Wie soll man hier anhalten? Dass die meisten von uns bereits Suchtanzeichen zeigen, ist indes wissenschaftlich bestätigt. Die Fear Of Missing Out, kurz #fomo, hat uns fest im Griff: Wir könnten ja etwas verpassen, sobald wir ein paar Stunden offline sind. Hinzu kommen die zahlreichen Weckrufe der verschiedenen Anwendungen. Ob auf dem Computer oder auf dem Smartphone: All' diese Geräusche wurden so programmiert, dass wir Adrenalin ausstoßen, also wach werden.

Anhalten im unechten Leben

Was heißt Anhalten also in dem heutigen Social-Media-Zeitalter? Es heißt vor allem, sich selbst Stoppschilder aufzustellen. Ihr wollt das Handy in die Hand nehmen? Sagt doch mal

Stopp! Ihr habt die ganze Zeit gescrollt? Sagt doch mal Stopp! Social Media tun euch nicht gut? Sagt doch mal Stopp! Denn Anhalten heißt, aus dem Zug auszusteigen, wenn sich diese Gelegenheit bietet. Und auch wenn der Social Media Zug immer weiter rollt – ihr könnt immer aussteigen. Warum? Weil dieser Zug nirgendwo hin fährt, also werdet ihr auch nie irgendwo ankommen – und ist das nicht eigentlich eine absolute Horrorvorstellung? Und dass unsere (Bewegungs-) Daten nebenbei erfasst und gesammelt werden, steht noch auf einem ganz anderen Blatt.

Anhalten im echten Leben

Vielleicht übt ihr das Anhalten mal in den Social Media. Stellt eure Stoppschilder auf und nehmt euch raus. Testet es mal. Hat es weh getan? Sind irgendwelche schlimmen Dinge passiert? Nicht? Gut! Dann können wir ja eine Stufe höher eskalieren und auch im echten Leben das Anhalten mal üben. Ihr seht, wir gehen mit euch wirklich superkleine Steps, weil wir ein ehrliches Interesse an echten Menschen haben. Deswegen geht es uns nicht darum, euch irgendwie abzuhärten oder, fast noch schlimmer, die eine angeblich richtige Wahrheit wie so mancher Guru aufzudrücken. Nein; uns ist wichtig, dass ihr euer so Leben gestaltet, wie es euch und euren Veranlagungen passt. Denn wir sind alle keine

Opfer des Außen (vgl. Kapitel 1.4). Und besonders an dieser Stelle meinen wir als Autoren uns auch mit: Denn auch wir haben Baustellen, von denen wir euch erzählen möchten.

//

***

AUFGABE 1.5

Stellt euch vor, ihr seid im Jahr 1750. Wo lebt ihr? Was ist euer Beruf? Wie sieht euer Alltag aus? Wäre es für euch einfacher, in 1750 anzuhalten?

Viel besser klappt die Erledigung der Aufgabe, wenn ihr die Augen schließt.

//

Kapitel 2

ERKENNEN

Sinn zu erkennen ist die größte Ressource. Selbst wenn alles sinnlos erscheint. Wenn wir das Unglück des Lebens als einen Moment der Entwicklung begreifen, können wir daran wachsen.

//

ERKENNT EUCH! – EIN ABSTRACT

Ihr habt angehalten, das ist ganz wunderbar! Hört dem Schlag eures Herzens zu: Was möchte euer Wesen in diesem Leben, in dem ihr euch gerade befindet, eigentlich?

- Was möchtet ihr sein?
- Was möchtet ihr tun?
- Was möchtet ihr werden?
- Was möchtet ihr haben?
- Was möchtet ihr gerade jetzt und jeden Tag aufs Neue fühlen und empfinden?

Nachdem wir im ersten Kapitel angehalten haben, verspürt ihr vielleicht den Drang, gleich weiter zu galoppieren. Doch auch in diesem Kapitel werden wir uns anders bewegen als gedacht, nämlich weiter in die Tiefe, wo nicht nur bittere Erkenntnisse warten, sondern auch Schätze, die wir sammeln. Wir schauen stärker als je zuvor in unser Leben hinein. Seid ihr bereits gespannt, was wir dort vorfinden werden?

Konkret suchen wir: Bedürfnisse, Ressourcen, Privilegien und Ziele. Das sind schon mächtige Brocken, die wir nicht einfach mal schnell finden wie Lebensmittel im Supermarkt.

Allein schon seine Bedürfnisse zu erkennen ist eine reflektierte und bewusste Handlung, die ihren Raum braucht. Wir möchten euch dabei unterstützen und euch Impulse geben – und ihr dürft selbst etwas draus gestalten.

Die Brocken sind jedenfalls für jeden Menschen unterschiedlich groß. Manche wissen sofort, was sie für Bedürfnisse haben, andere brauchen eine Weile bis zur Erkenntnis. Dennoch gibt uns Erkenntnis als Denkweg Kraft, weil sie ein Akt der Selbstliebe und Selbstwirksamkeit ist. Nur sind wir auch der Meinung: Schön designte Zeitschriften leben uns etwas vor, was nicht unseres ist. Daher sollt ihr in diesem Kapitel vor allem eins erkennen: Wer ihr seid. Wir wollen euch helfen, auf einen Pfad zu kommen, auf dem ihr denkt: Hier bin ich richtig. So eine Erkenntnis motiviert uns einen jeden Tag, dessen Aufgaben und Herausforderungen zu meistern. Wir wollen euch also helfen, einen Lebenswandel zu gestalten, keinen ICH-Wandel.

Alles klar? Auf geht's!

//

2.1 EIGENE BEDÜRFNISSE ERKENNEN

Erwartungen sind das eine, Bedürfnisse das andere. Es ist hilfreich im Leben, von sich selbst mehr zu erwarten als von anderen Menschen und in dieser Logik auch den Erwartungen der anderen keinen großen Denkraum zu geben, sondern lieber den eigenen Bedürfnissen. Dass andere auch Bedürfnisse haben, sollten wir nicht vergessen. Aber wir können in der *Suppe des Lebens* diese nur dann respektieren und berücksichtigen, wenn unsere eigenen Bedürfnisse erfüllt sind.

* * *

Wenn mir etwas wichtig ist, gibt es kein aber.

– Nadja

Stellt euch vor, ihr seid eine Woche irgendwo und habt nur das Nötigste bei euch: Ein Bett, ein Dach über dem Kopf und Nahrungsmittel. Ihr habt kein Telefon, kein Internet, kein

Fernsehen, nicht mal eure Freunde. Ihr habt nur euch, mit all' euren Geschichten, die ihr bereits erlebt habt. Angekommen? Eure Aufgabe ist es jetzt, in dieser Ruhe und Abgeschiedenheit in die Zukunft zu schauen. Was werdet ihr als erstes losgelassen haben? Um euch zu helfen, diese Frage zu beantworten, hier noch ein Bild für euch:

Vielleicht geht ihr wie eine Zwiebel vor: Nach und nach tragt ihr Schichten ab, die ihr nicht braucht. All die Dinge, all die Themen, Aufgaben und Tätigkeiten, die ihr nur macht, weil andere es von euch erwarten (vgl. Kapitel 1.2 und 1.3). Oder noch schlimmer: Die Dinge, von denen wir glauben, dass jemand sie von uns erwartet und nicht einmal prüfen, ob diese Erwartungen überhaupt wahr sind.

Was sind denn eigene Bedürfnisse?

Eins der verbreitetsten Modelle zum Thema „Motivation“ ist die sogenannte *Maslowsche Bedürfnispyramide*. Diese fasst die zahlreichen menschlichen Bedürfnisse in einer teilweise hierarchisch angeordneten Struktur zusammen und behauptet, dass der Mensch im Leben vor allem durch die unbefriedigten Bedürfnisse zur Leistung angetrieben ist. Darum nennen sich – mit Ausnahme der Pyramiden-Spitze – alle anderen Bedürfnisse auch „Defizitbedürfnisse“. Mit „Hunger-

Pipi-Durst“ beginnend, endet die Pyramide mit defizitären Individualbedürfnissen wie Anerkennung als Antreiber.

Unsere Defizitbedürfnisse sind an sich schnell erfüllt. Nur das Vergleichen mit anderen Menschen und die stets wachsende Angebotsvielfalt erzeugen bei uns immer wieder das Gefühl, dass wir mehr brauchen. Beispiel: Wie viel Wohnraum brauchen wir? Wie teuer darf das Auto sein? Wohin in den Urlaub? Was gibt es zu essen?

Steigt unser finanzielles Wohlsein, wollen wir auch mehr besitzen, haben, tun. Dabei bedienen wir nicht mehr die Original-Defizitbedürfnisse, sondern wir folgen dem Druck der Marktwirtschaft – und nicht mehr uns selbst. Die Pyramide wird in der Fachliteratur folgendermaßen dargestellt:

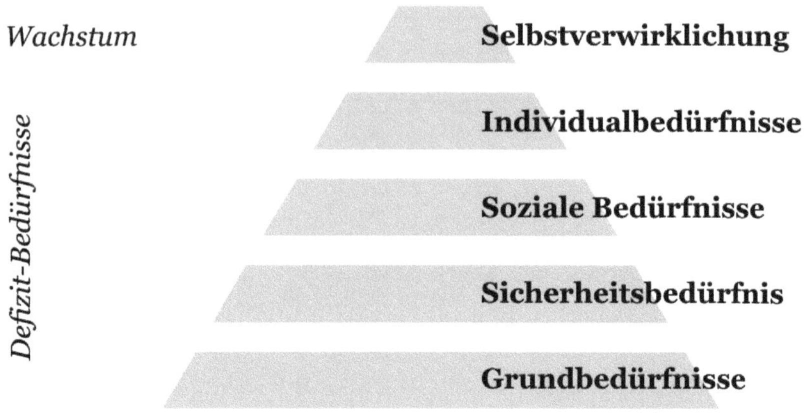

Abbildung Maslowsche Bedürfnispyramide

Wie der Markt das Bedürfnis nach Bedürfnis regelt

Bis vor einigen Jahren war die Selbstverwirklichung eher ein Thema für Esoteriker. Doch seit die Marktwirtschaft entdeckt hat, wie viel Geld sich mit Themen rund um Persönlichkeitsoptimierung verdienen lässt, ist der Ansturm auf die Pyramidenspitze ganz groß. Niemand ist seitdem gut genug, wenn er einfach nur Geld verdient und der Familie ein normales Leben sichert. Die bessere, die beste Version des eigenen Ich ist niemals gut genug, denn da geht bestimmt noch mehr. Maslow selbst schätzte, dass nur rund 2 % der Bevölkerung die oberste Stufe der Pyramide erreichen. Mit dem Blick in die heutigen Bücherregale müssen wir davon ausgehen, dass viel mehr Menschen sich gezwungen fühlen, die Selbstverwirklichung zumindest einmal thematisiert zu haben.

Niemand auf der Welt soll sich aber gezwungen fühlen, etwas an seinem Selbst in eine genormte Rolle zu optimieren – egal, ob das ein traditionelles Rollenbild oder ein sehr modernes ist. Diese Erkenntnis braucht ihr aus mehreren Gründen:

- es ist nicht gesund, ein Leben zu leben, das nicht zu eurem Selbst gehört. Früher oder später wird diese (Selbst-) Lüge sichtbar und die Folgen davon müsst ihr selbst tragen – denn später können wir niemanden dafür beschuldigen, eine Entscheidung getroffen zu haben (vgl. auch Kapitel 1.3)

- es ist Energieverschwendung, nach etwas zu streben, das euch nicht zufrieden macht. Ihr bekommt vielleicht eine kurzzeitige Belohnung, weil ihr irgendwo dazu gehört und auch genau das tut, wie die anderen, aber auf lange Sicht machen nicht diese Belohnungen unser zufriedenes Leben aus.

Es sind wir selbst, die am Ende des Lebens auf die zurückgelegte Strecke schauen und ganz tief in uns spüren, ob wir etwas bereuen. Und auch wenn das ein dicker Spoiler ist: Wir bereuen meistens, zu viel Zeit mit Dingen verbracht zu haben, die nichts mit unseren wirklichen Bedürfnissen zu tun hatten.

Was wir euch damit als Aufgabe geben wollen? Nichts Leichtes – und auch mit einem Knopfdruck nicht zu erledigen. Wir laden euch dazu ein, eure WIRKLICHEN Bedürfnisse zu erkennen und zu benennen. Und zwar so:

AUFGABE 2.1

Schreibt auf:

- Wofür verwendet ihr gerade die meiste Energie?
- In welchem Bereich ist dieser Aufwand angesiedelt? Wie geht es euch mit diesen Tätigkeiten?
- Seid ihr die meiste Zeit des Jahres gesund?
- Wie fühlt ihr euch, wenn ihr diese – meiste – Zeit des aktuellen Lebens mit diesen Aufgaben verbringt?

Fragt euch anschließend:

- Welches Bedürfnis steckt hinter meinem Verhalten?
- Welches Bedürfnis steckt hinter meinen Körperempfindungen?
- Welches Bedürfnis steckt hinter meinen Gefühlen?

Bitte bedenkt dabei, dass die Antworten manchmal nur die äußere Schicht einer Zwiebel sind und hinter einem Bedürfnis ein anderes versteckt ist. Wiederholt also die Fragen ruhig, bis ihr spürt, dass ihr wirklich in eurem eigenen Kern angekommen seid. Seid nicht verwundert, wenn ihr dabei wirklich gerührt seid (manchen Menschen ist dann auch nach Weinen zumute) – denn diese Stelle von uns berühren wir im Alltag recht selten.

//

2.2 EIGENE RESSOURCEN ERKENNEN

Alles im Leben ist eine Ressource. Sowohl das, was wir sofort als wertvoll erkennen (Zeit, Geld, Gesundheit, Freunde und Familie), aber auch Situationen und Erlebnisse, die uns auf den ersten Blick weh tun oder Angst machen. In diesem Kapitel gibt es außerdem darum, dass zu viele oder unpassende Ressourcen schädlich sein können.

* * *

Dieses Kapitel ist von Nadja geschrieben. Nadja ist mit sehr wenigen (physischen, greifbaren, kaufbaren) Ressourcen groß geworden. In der Sowjetunion, in einer normalen Familie mit normalen Nachbarn. Selbst wenn man Geld hatte, war es nicht selbstverständlich, sich etwas dafür kaufen zu können. Lebensmittel einzukaufen bedeutete stets, sich in mehreren Schlangen anzustellen. Möbel wurden meistens über Generationen weitergegeben und immer wieder repariert. Es war normal, nur ein paar Schuhe zu haben und diese so lange zu tragen, bis sie auseinander fielen. Als Nadja in der Pubertät war, kam Perestroika, und mit ihr die große landesweite wirtschaftliche Krise. Lebensmittel – und auch nur wenige – wurden über monatliche Karten zugeteilt. Kleidung kam aus Spenden und ein Cappuccino mit einem Törtchen war undenkbarer als der Flug zum Mond.

Warum das heute wichtig ist? Weil Nadja gelernt hat, dass nichts zu besitzen oder nichts kaufen zu können noch lange nicht das Ende des Lebens bedeutet. Familie, starker Halt durch die strenge Strukturen der Schule, starke Beziehung zu Natur und viele Lieder, die Nadja als Mädchen auswendig konnte, sind ebenfalls Ressourcen im Leben, und die Abwesenheit von Dingen kann manchmal eine hilfreiche Lektion sein.

Die meisten von uns heute – Nadja eingeschlossen – leben im Überfluss. Für alles ist gesorgt und zwar gleich mehrfach. Für jedes Thema gibt es einen Minister, einen Online-Shop und eine Reihe von Büchern.

Dabei ist alles im Leben eine Ressource. Alles, was uns umgibt – physisch oder nur als Gedanke –, können wir dafür einsetzen, unser Leben zu gestalten. Jeder Tag ist eine Coaching-Session, jedes Erlebnis eine Übung. Und die Kastanien, über die wir im Herbst fluchend stolpern, die sind nicht nur für Eltern von kleinen Kindern nützlich! Als eine kleine Übung zwischendurch könnt ihr eine Liste von Dingen zusammenstellen, die wir mit Kastanien tun können.

Gegen Überfluss hilft nur eins: Eine konkrete Verwendung

Die physischen und nicht-physischen Ressourcen werden jedoch nur dann für uns als solche erkennbar, wenn wir eine Verwendung dafür haben. Somit ist alles, was ich für mich und mein zufriedenes Leben verwenden kann, nützlich. Statt zu fluchen und zu stolpern, können wir die Perspektive wechseln und alles – wirklich alles – was uns über den Weg läuft (oder unsere Gedanken beschäftigt, weil es nicht da ist), durch die Linse der folgenden Frage betrachten: Wofür ist das eine Ressource? Warum ist diese Situation, die Angelegenheit in meinem Leben eine Gelegenheit für mich? Und ja, wir werden in diesem Buch auch noch lernen, dass selbst schlimme Situationen eine Ressource sind.

Im Coaching werden gern eigene, für euch verfügbare Ressourcen betrachtet mit dem Fokus: Schaut mal, das könnt ihr doch, das habt ihr schon mal gemacht. Ein ganzer Zweig der Druckindustrie hat sich darauf spezialisiert, uns mit Selbstcoaching-Büchern zu versorgen, die voller Einhorn-Sticker und „Alles wird gut"-Zitate sind. Diese Beschwichtigungen und das Appell, auf die eigenen Stärken zu bauen, ist eine Art „Wasch mir den Pelz aber mach mich nicht nass"-Ressource und hilft uns, unsere bisherigen Erfolge zu wiederholen und hoffentlich auszubauen. Aber diese Schritte machen euch und eure Seele nicht stark.

Da wo die Angst ist, da geht es lang

Da wo es häßlich wird, da werden wir stark. Wenn wir unbequeme Situationen als unseren Unterstützer annehmen und Situationen betrachten, die wir bisher nicht gemeistert haben. Angstsituationen, hässliche Konflikte, unerfüllte Wünsche, Umgang mit toxischen Menschen. Jedes ungelöste Problem in unserem Leben, das wir sowohl vor dem Coach als auch vor uns selbst und unserem „Glücklich-in-3-Schritten“ Tagebuch verstecken, ist eine Möglichkeit, stark zu werden. Die hässlichen Dinge unseres Lebens als Ressource zu betrachten ist eine Kunst – und die wollen wir euch gern näher bringen.

Wenn ihr dieses Buch liest, dann stehen euch mehr als ausreichend Ressourcen zur Verfügung, um ein zufriedenes Leben zu führen. Denn seien wir mal ehrlich, was braucht es heute dafür? Etwas Zeit und Zugang zum Internet. Naja, und natürlich die Erkenntnis, an der wir in diesem Kapitel arbeiten. Unser Problem in der heutigen Zeit ist also weniger, dass wir keine Ressourcen haben, sondern viel mehr, dass wir viel zu große Auswahl haben und dass alles jederzeit verfügbar ist. Ein Klick, schon ist es da! Wir müssen also in der

Welt voller Ressourcen permanent entscheiden (dazu mehr im Kapitel 3), welche Ressourcen wir brauchen und welche wir lieber liegen lassen.

Das stete Zuviel macht uns blind

Dass die Vielfalt und die große Menge der Ressourcen nicht automatisch gut ist, das hat Nadja auch schmerzlich lernen müssen, denn nach ihrer Übersiedlung aus Russland nach Deutschland, Studium und einer Bilderbuch-Karriere wäre sie fast im Burnout gelandet. Hätte Nadja nicht angehalten, wäre sie heute ein sehr wichtiger Obermufti in einem großen internationalen Konzern – und gleichzeitig ein total unglücklicher Mensch.

Wie kommen wir also aus diesem Kuddelmuddel zwischen viel zu vielen hübschen und permanent verfügbaren Ressourcen und den hässlichen Baustellen des Lebens zu der Erkenntnis, was wir WIRKLICH brauchen? Wie könnt ihr, vermutlich gerade irgendwo sitzend und lesend, einen Frieden schließen zwischen dem, was ihr euch sehnsüchtig wünscht und dem, was (ihr denkt) ihr dafür braucht?

Wir stellen euch diese Frage, weil wir wissen, wie wichtig diese Erkenntnis ist und wie groß der Zaun ist, der uns von dieser Erkenntnis abschirmt. Dieser Zaun besteht aus den

Überzeugungen, die wir ganz vorne schon erwähnt haben: Wir denken, wir können nicht glücklich sein, wenn wir Krise und Chaos erleben. Aber das stimmt nicht, im Gegenteil.

Wir streben nach einem friedlichen und zufriedenen Leben und versuchen, alles, was nicht danach aussieht, aus dem Weg zu räumen. Jedoch werden wir mit dem Aufräumen nie fertig, und mit dem, was wir bereits haben, nicht glücklich. Stets wollen wir mehr. Während wir an der äußeren Schönheit arbeiten, sind immer noch die häßlichen und unbequemen Teile unseres Lebens in den psychologischen Kellern versteckt oder in einem großen Sack auf dem Rücken. Wir schleppen diese hässlichen Dinge mit uns herum und versuchen, unser Glück drumherum zu bauen. Was uns scheinbar hin und wieder gelingt, dank den vielen wunderhübschen „Werde-glücklich"-Ressourcen und ihrer „Drei-Schritte-zum-Erfolg-Garantie", die auch nichts weiter als ein hübsche Schleife ist, damit wir zugreifen.

Wollt ihr vielleicht etwas, das nachhaltiger ist oder sogar für immer? Dann beschließt – hier und heute –, euch eurer selbst anzunehmen. Mit all' den Erfolgen und all' den Pickeln. Mit dem, was andere über euch wissen und euren Geheimnissen. Einzelne Taten und einzelne Ergebnisse eurer Bemühung könnt ihr verfluchen oder verurteilen, aber nicht euer menschliches Wesen. Leuchtet mit einer mentalen Taschenlampe in eure inneren Keller und stöbert auf den Dachböden eurer Erinnerungen. Was immer ihr von euch selbst versteckt, weil es in das Selbstbild einer erfolgreichen Person angeblich nicht passt, holt es heraus – und ihr gewinnt eine tiefe Erkenntnis, dass diese unbequeme Fakten über euch selbst nicht die Kastanien sind, über die wir fluchend stolpern, sondern eure Ressourcen.

Und falls das zu einfach war, folgt hier noch eine mentale Einladung. Erkennt, dass wir rein gar nichts brauchen, um unser zufriedenes Leben zu leben, weil wir permanent, jeden Tag all unsere wirklich benötigten Ressourcen bei uns haben. Denn wir haben uns. Und wenn sich das nicht danach anfühlt, dann macht etwas aus dieser Erkenntnis und lernt euch selbst besser kennen.

//

Zusammenfassend aus Nadja-Perspektive:

- alles im Leben ist eine Ressource
- zu viele verfügbare Ressourcen trüben unseren Verstand und machen es uns schwer, zu erkennen, was wir wirklich brauchen
- wenn wir uns selbst mit allem annehmen, das uns ausmacht, dann brauchen wir rein gar nichts mehr, um ein zufriedenes Leben zu führen

Könnt ihr diesen Gedanken folgen?

//

* * *

AUFGABE 2.2

Setzt euch mit euren Ressourcen auseinander und macht euch bewusst, was für Schatz in eurem Leben versteckt ist. Hört bitte auf, die Ressourcen kaufen zu wollen. Werdet euch bewusst, dass ihr alles habt, was ein Mensch benötigt, um aus diesen Bestandteilen ein ganzes zufriedenes Leben zu gestalten.

Ohm oder so.

//

2.3 EIGENE PRIVILEGIEN ERKENNEN

Die meisten von uns sind blind für ihre eigenen Privilegien, weil: Es funktioniert doch immer alles. Wir haben in der Regel ein einfaches Leben ohne Reibungspunkte oder Stolpersteine. Und wenn, dann sehen wir die meistens herannahen oder wir haben viel Zeit für die Aufarbeitung. Unsere Existenz ist selten ernsthaft bedroht. Heißt: Vielleicht ist der Lebenswandel, der vor dir steht, nicht so schlimm im Vergleich zu den Lebenssituationen Millionen anderer Menschen, die von Hunger, Durst oder Krieg bedroht sind.

* * *

Dieses Kapitel hat mehrere Anläufe gebraucht. Warum? Weil uns schon bewusst war, dass wir Privilegien mit in den Reigen dessen, was erkannt werden will, aufnehmen sollten, aber: Wir waren für unsere Privilegien selbst blind. Es war für uns gar nicht so einfach zu verstehen, dass es uns meistens gut geht.

Ein Privileg ist ein Vorteil, den andere nicht haben. Es kann auch als Gunst oder Vorzugsrecht daherkommen, es steht jedenfalls ganz eindeutig auf unserer Haben-Seite und nicht auf unserer Soll-Seite. Denn ja, im Vergleich zu vielen Menschen auf dieser Erde ist ein Schulabschluss und eine gewisse Bildung bereits ein Privileg. Oder, dass wir ein Dach über dem Kopf haben, dass wir alle Bedürfnisse 24/7 gestillt bekommen können. Das führt dazu, dass viele von uns völlig blind geworden sind für ihre Privilegien. Häufig wird dann gesagt: „Uns geht es einfach zu gut." Wir sind allerdings der Meinung, dass das eine Obergrenze an „Gut gehen" voraussetzt, vor allem eine, die nicht überschritten werden sollte – dabei ist ein Leben voller Wunder möglich, wirklich! Wir finden nicht, dass es uns „zu gut" geht, sondern wir finden, dass wir durch unsere Privilegien-Blindheit einfach nur träge und selbstgerecht werden. Die ganze westliche Gesellschaft ist so verwickelt in ein Marktgeschehen, in dem „zu viel" nie gut genug ist. – Den Satz könnt ihr mal kurz sacken lassen und wenn ihr den schon verstanden habt, habt ihr verstanden, was Privilegien sind und ihr könnt direkt weiter ins Kapitel 2.4, wo es um Ziele erkennen geht.

Wir wollen das Thema Privilegien aber auch vor dem Hintergrund ausrollen, dass zwei der Autoren lange Zeit in Kriegsgebieten im Einsatz waren. Sie waren im Gefecht und mussten in diesen Momenten Leben schützen und selbst überleben. In solchen Situationen gibt es einfach keine Zeit für die fünf Schritte dieses Buches (wenngleich wir uns auch einem Kampf mit dem eigenen Selbst noch nähern werden), aber: Ist uns eigentlich bewusst, wie privilegiert wir sind, weil wir in aller Ruhe anhalten, erkennen, entscheiden und dann erst handeln können? Jetzt ganz im Ernst? Es ist der pure Luxus, diese kleinen Schritte in diesem Buch überhaupt gehen zu können; allein, dass es die Möglichkeit gibt, unser Leben souverän selbst zu gestalten ist also ein unfassbares Privileg. Wie viele Menschen auf dieser Erde sind Situationen ausgesetzt, aus denen sie sich nicht einfach so befreien können?

Wir haben verlernt, unsere eigene Schnöseligkeit und Verwöhntheit zu sehen. Beim Schreiben dieses Kapitels meinte Markus:

Wann ist der Durchschnittsdeutsche heute noch in einem Überlebenskampf, es sei denn auf dem Fahrrad in der Großstadt?

– Markus

Und Recht hat er! Julien ergänzte etwas wie: Im Kampf haben wir keine Zeit für Analyse, aber im Leben haben wir den Luxus, selbst dann, wenn wir wirklich fallen. Wir können in diesen Momenten immer noch überlegen, bevor wir handeln. Zum Beispiel: Ja, betrogen zu werden ist hart. Aber: Es ist auch hart, überhaupt zu betrügen. Und egal, auf welcher Seite ihr steht: Werdet euch bewusst, dass ihr selbst gestalten könnt, egal wie schlimm die Situation ist. Ihr seid nichts ausgeliefert. Entscheiden-Können ist ein Privileg. Nutzt es.

Wir fallen, weil wir blind nach oben streben

Doch warum fallen wir im Leben eigentlich, warum kommen immer wieder die Steine und Fallstricke, welche uns straucheln, stolpern und aufschlagen lassen, mit fast schon beängstigender Zuverlässigkeit und Berechenbarkeit? Ganz einfach, weil wir in die Höhe streben. Wenn wir kriechen würden, würden wir nicht fallen. Aber nein, wir gehen Risiken ein, weil wir immer höher, schneller und weiter wollen.

Wir möchten euch mit diesem Buch zeigen, dass es völlig ok ist, Risiken einzugehen, aber nicht um immer Mehr und Mehr zu wollen, sondern um zu euch Selbst zu finden. Denn das immer Mehr und Mehr tut euch nicht gut, es laugt euch aus und macht euch krank. Wir wollen euch zeigen, dass ihr gut so seid, wie ihr seid und dass ihr mit dem, was ihr habt, sehr privilegiert seid. Und deswegen wollen wir euch auch nicht transformieren oder dergleichen. Wir wollen euch den Impuls geben zu erkennen, ob ihr mit euren Bedürfnissen und euren Ressourcen ein Affe oder ein Fisch seid – und mit diesem Wissen könnt ihr euch auf eine Reise hin zu euch selbst machen, sodass ihr bei euch selbst – einem zu euch passenden Wunschleben mit oder ohne Wasser – ankommt.

Privilegien nutzen und zu seinem Selbst kommen

Um zu seinem Selbst zu kommen, braucht es eine Erkenntnis über die Dinge, die in diesem Kapitel besprochen werden: Und dann braucht es Disziplin in den vielen kleinen Schritten, die wir mit euch gehen möchten. Denn es ist eine stete Arbeit an sich selbst – und die wollen wir üben. Wir kommen immer und immer wieder in Situationen, in denen wir entscheiden müssen. Das heißt, es ist hilfreich, zu wissen, welche Entscheidung im Sinne des Selbst die richtige ist. Und dass ihr das könnt, oder: dass ihr das überhaupt lernen könnt, ist schon ein riesiges Privileg, was ihr nutzen solltet. Welche Richtung euer Streben bekommen sollte: Das ist individuell. Manche müssen zu ihrem Selbst vielleicht nach unten streben, andere eher in die Breite. So oder so ist das Höher, Schneller und Weiter der Grund für unsere Privilegien-Blindheit. Aber nur wenn wir sie erkennen und uns dann auf den Weg machen und dann bei unserem Selbst angekommen sind, sind wir überhaupt in der Lage, anderen Menschen zu helfen und die gute Mutter oder der gute Vater zu sein, die wir nunmal sein möchten.

Der ewige Vergleich mit den anderen

Eben haben wir geklärt, warum wir überhaupt fallen, nämlich weil wir nach oben streben. Aber warum tun wir das? Weil wir uns permanent vergleichen. Der Blick nach rechts und links stachelt uns an oder, das Gegenteil, lässt uns häufig ratlos zurück, warum gewisse Dinge immer nur uns passieren und nicht den anderen. Doch vergessen wir dabei schnell, dass wir keinen Einblick in die inneren Gefechte des anderen haben, welche Dämonen unser Gegenüber jeden Tag bezwingen tut, hinter der lächelnden Fassade, dem vordergründigen Familienglück oder den zur Schau gestellten Urlaubsbildern. – Der Vergleich mit den anderen ist der Endgegner von Erkenntnissen, die unser Selbst betreffen. Denn es ist egal, was die anderen haben, können oder tun. Selbst wenn wir im Vergleich mit ihnen mit nichts dastehen, sind wir immer noch privilegiert genug, um unser Leben aktiv in unserem Sinn zu gestalten.

Der Vergleich mit anderen führt oft in die Opferhaltung, in das Selbstmitleid oder in die Wut, die uns alle nicht weiter bringen. Es führt kein Weg daran vorbei sich aufzurappeln, den Staub von der Kleidung zu klopfen und sich in dem Bewusstsein wieder auf den Weg zu begeben, dass andere Menschen auf dieser Welt aus kulturellen oder politischen Gründen nicht können, weil ihnen die Wege zu ihrem Selbst verschlossen bleiben. Das bedeutet, der Vergleich mit anderen, die scheinbar mehr haben, können oder tun, ist für unser Selbst hochgradig destruktiv, der Vergleich mit Menschen, die nicht dieselben Privilegien haben wie wir, ist konstruktiv – und diese Erkenntnis wollten wir euch in diesem Teilkapitel bescheren und hoffen, dass es geklappt hat.

//

***

AUFGABE 2.3

Denkt an einen schlimmen Schicksalsschlag und wodurch ihr ihn in den Griff bekommen habt. Was für Privilegien fallen euch ein?

//

2.4 EIGENE ZIELE ERKENNEN

Wenn ich mir keine Ziele setze, dann setzen andere Ziele für mich. Ist das bereits passiert, so gibt es jedoch einen Ausweg: zu erkennen, was meine eigenen Lebensziele sind und wie ich mich fühle, wenn ich diese erreiche.

* * *

Erkenne dich selbst.

– Apollotempel von Delphi

Es gibt eine Frage, die ist schnell gestellt, manchmal nicht ernst gemeint und dennoch für die meisten von uns schwer zu beantworten. Die Frage ist kurz, viel zu kurz um sie falsch zu verstehen und dennoch versetzt sie uns in Staunen, wohlwissend, dass wir sie kaum beantworten können ohne intensiv darüber nachzudenken. Wenn wir zur Antwort ansetzen, dann kommt uns nach einer vorgeschobenen Gedankenpause gern der eine oder andere bedächtige Atemzug gepaart mit dem einem oder anderen „Äh..." Diese Frage lautet: „Wer bist du?". Die gewünschte Antwort beinhaltet vermutlich eine Mischung aus Identität, Charakter, Lebensgeschichte, Rollen und Aufgaben, Abgrenzung von und Verbindung zu anderen Menschen, und vor allem ist diese Frage beinahe unmöglich mit einem Satz zu beantworten.

Wer wir sind, beantworten wir oft zuerst mit unserem Namen. Dieser ist aber nicht Ausdruck unserer Persönlichkeit, sondern lediglich ein sozial definierter Code der Zuordnung in Familie und Herkunft. Eine weitere oft gehörte Antwort ist das Benennen des eigenen Berufs. Ich bin mein Job, meine Berufung und mein Weg, mir diesen Pulli und diesen Freundeskreis zu leisten. Auch hier verrät die Antwort recht wenig über unsere Persönlichkeit und darüber wer wir sind, denn unser Beruf erzählt meistens eher was wir tun.

So mancher Philosoph hat sich schon an der Diskussion versucht, ob wir sind was wir tun oder ob wir tun, was wir sind. Wir wollen an dieser Stelle jedoch einen Kernaspekt beleuchten, welcher nicht nur ein Teil des Ganzen ist, sondern der Schlüssel zu dem, was aus einem Menschen in der Kombination aus Tun und Sein entstehen kann. Er ist der fruchtbare Boden, der die zarte Pflanze der Veranlagung zu einem stabilen Charakter heranwachsen lässt. Dieser Humus, der Nährstoff für unsere persönliche Reise durch das Leben sind unsere Ziele. Wenn wir uns selbst und einander also kennenlernen wollen, dann hilft uns eine andere Frage vermutlich eher – und diese Frage lautet: „Wo willst du hin?“

Für viele ist dieses immer noch eine sehr allgemeine Frage und wenig greifbar, deswegen können wir die Horizontlinie etwas kontrastreicher gestalten und fragen: „Wo wollt ihr am Ende eures Lebens stehen?“. Diese nun klare Perspektive lässt vieles, was für uns vordergründig erstrebenswert erscheint, verblassen, denn es treten weniger materialistische Ziele nach vorn. Was heute noch Geld, Ansehen und Beliebtheit im sozialen Kreis sein mögen, wird angesichts des unvermeidbaren Ende des Lebens bedeutungslos. “Das letzte Hemd hat leider keine Taschen“, – so ein Lied. Weder Besitztümer noch Ruhm spielen eine Rolle, wenn es auf den letzten Abschnitt, den Winter der eigenen Existenz zugeht. Bei der emotionslosen und ehrlichen Konfrontation mit dem eigenen Tod bleibt die Erkenntnis der wesentlichen Prioritäten nicht lange aus. Am Ende zählen weder die coolsten Sneaker, das neueste Handy oder der protzige Wagen. (Mehr dazu im Kapitel 5.) Was in den Fokus gerät, ist selbst einteilbare Zeit und ein harmonisches Umfeld, welches uns in Liebe trägt und begleitet. Wir Menschen sind soziale Wesen, in unseren Bedürfnissen auf die Gemeinschaft ausgerichtet. Mit viel Ehrgeiz und unter einem enormen finanziellen Aufwand suggerieren uns Werbung, ausladende Ladenzeilen und bunte Prospekte, dass zu unserem Glück der Konsum der Schlüssel sei, dass uns nur dieses oder jedes Accessoire fehle, dann stelle sich die Zufriedenheit schon ein. Wir alle wissen, dass der glücklich machende Effekt dieser käuflichen Elemente nur von kurzer Dauer ist und sich in Windeseile abnutzt.

Nachhaltig leben ist zufrieden leben

Die Nachhaltigkeit von Zufriedenheit, die durch freundschaftliche und familiäre Beziehungen zustande kommt, kann kein Geld der Welt, keine Villa und keine Yacht aufwiegen. Gerade die Arbeit im Personenschutz hat uns gelehrt, dass für viele vermögende Personen die Probleme mit zunehmenden finanziellen Ressourcen nicht ab-, sondern eher zunehmen. Verelendungsangst, falsche Freunde, das permanente „Mehr" treiben diese Menschen derart um, dass die betäubende Wirkung des Kaufrausches dies nicht mehr übertünchen kann.

Lassen wir uns also bitte nicht trügen, vom glänzenden Schein der Glamour-Welt vermeintlicher Stars und Sternchen, der Reichen und Schönen. Lehnen wir uns zurück und denken darüber nach, welche Ziele uns insgesamt im Leben wichtig sind und welche unserer Bedürfnisse zu diesen Zielen führen. Gemäß den Statistiken und Umfragen sind diese

Ziele – wenig überraschend – von unserem Alter abhängig. So steigt die Wichtigkeit der Gesundheit mit dem Alter während die Wichtigkeit einer Karriere – logischerweise – abnimmt. Eher altersunabhängig sind Ziele wie stabile (Familien-) Beziehungen und Freundschaften.

Was machen wir nun mit dieser Erkenntnis? Es gibt große und kleine, falsche und richtige, meine eigenen Ziele und solche, die andere an mich adressieren. Brauchen wir stets Ziele? Sind wir als Schiff auf dem weiten Ozean verloren ohne ein Ziel? Oder ist es in Ordnung, mal einfach darauf loszufahren und zu hoffen, Amerika zu entdecken?

Angelegenheiten sind Gelegenheiten zum Tun

Ziele im Leben zu erkennen ist wichtiger als sie zu definieren. Nadja hatte zum Beispiel eine Freundin, die Opernsängerin werden wollte. Diese Freundin gab sehr viel Geld für Nachhilfeunterricht und sang bei jeder Gelegenheit im Opernchor, nie bekam sie jedoch auch nur eine kleine Solo-Rolle. Diese Geschichte hätte auch sehr traurig ausgehen können, doch an der Oper gibt es mehr Dinge zu tun, als zu singen, und so wurde aus der Möchte-gern-Sängerin eine wunderbare Opern-Kostümdesignerin.

Jede Angelegenheit ist auch eine Gelegenheit, wenn wir uns nicht total auf unser (irgendwann gesetztes) Ziel versteifen. Wenn das Leben mir heute etwas nicht (für mein Ziel) gibt, kann sein, dass da etwas noch Besseres auf mich wartet. Außerdem können meine Ziele nur so groß sein wie mein Selbstvertrauen und mein Selbstwertgefühl in dem jeweiligen Moment meines Lebens. So wie bei Alice im Wunderland: "Würdest du mir bitte sagen, wie ich von hier aus weitergehen soll?"– "Das hängt zum großen Teil davon ab, wohin du möchtest", sagte die Katze.

Und dann gibt es noch Ziele, die sind einfach nicht die richtigen für uns. Ein Fisch wird niemals auf einen Baum klettern wie ein Affe, auch wenn er sich das als Ziel setzt. Ein Affe fühlt sich nicht wohl auf dem Nordpol. Die Freundin von Nadja wäre vielleicht in einer kleiner Stadt auch zu eine Solosängerin geworden, nur war dieses Ziel in Hamburg einfach nicht das richtige Ziel.

Könnt ihr euch erstmal kein Ziel aufschreiben, nach allen Regeln der SMART-Formel? Das macht nichts, fangt dann bei den Wünschen und Sehnsüchten an. Betrachtet diese als euren Nordstern, der euch stets dann Orientierung liefert, wenn ihr euch verloren fühlt. Unser Gehirn braucht zum Denken Fakten, und für unsere Zukunft liegen dem Gehirn keine Fakten vor, also fühlt sich eine Situation ohne klare Ziele total verwirrend an. So lasst bitte dieses Gefühl der Verlorenheit zu (vielleicht ist dieser Zustand eine Gelegenheit?)! Dieses Gefühl ist übrigens oft die Stelle, an der wir dazu tendieren, Ziele anderer Menschen für unsere eigenen zu halten und uns von den Titelseiten der Magazine blenden lassen.

Nadjas Story

Bereit für eine weitere Erkenntnis? Unsere Ziele – wenn wir sie ehrlich nach unseren eigenen Bedürfnissen ausrichten – haben vor allem mit unseren Träumen und kindlichen Wünschen zu tun. Da unser Gehirn Fakten fürs Denken braucht, nehmen wir sehr oft die ersten Geschichten unserer Kindheit, die uns emotional aufwühlen und formulieren daraus etwas, was sich später in Berufs- und Lebensziele umformt. Fragt einen erfolgreichen Unternehmer nach seinen Erinnerungen an Kindergarten oder Schule; wenn ihr Nadja danach fragt, wie sie Psychologin wurde, so kommt eine Kombination aus Trotz, Vertrauen und Blauäugigkeit ans Tageslicht. Nadja fand eine Freundin ihrer Mutter toll. Diese Frau war Psychologin. Nicht dass Nadja wusste, was Psychologen tun, aber sie wollte so sein, wie diese Frau. Hinzu kam jedoch, dass Nadjas Lieblingsfach Deutsch war (wir erinnern uns,

Nadja ist in der Sowjetunion aufgewachsen). Was macht Nadja aus diesen beiden Neigungen? Richtig, sie beschließt, Psychologie in deutschen Sprache zu studieren. Im Ausland also. Richtig, das war in den 80ern, hinter dem eisernen Vorhang. Mit einem smarten Ziel, in dem "realistisch" vorkommt, wäre Nadja nicht weit gekommen. Mit einem Nordstern aber, der eher ein Traum, als ein Ziel mit Plan war, bot das Leben der Nadja Möglichkeiten, sämtliche politischen wie wirtschaftlichen Hürden zu überwinden.

Eure Story

Wenn ihr euch also fragt, was ihr bereits als Kind wolltet, dann wisst ihr auch schon ziemlich genau, ob ihr das geworden seid und ihr euren Nordstern irgendwie verpasst habt. Daher wissen wir eigentlich ganz genau, was falsch läuft im Leben, weil wir uns als Kind nicht vergessen haben. Wir erinnern uns nur nicht daran oder messen dem keine Bedeutung bei. Auf dem Weg zu eurem Nordstern liegen allerdings die ein oder anderen Etappenziele, die vielleicht von außen kommen. Einen Schulabschluss zu machen zum Beispiel, das ist kein selbstgewähltes Ziel. Bzw.: Für manche ist so ein Ziel von außen lästig, weil die intrinsische Motivation fehlt, für manch' andere eine willkommene Herausforderung, die sie mit Freude meistern wollen, vielleicht auch, weil es Voraussetzung für ein anderes Ziel ist. Aber egal, ob das Ziel von außen oder von innen kommt, für die Erreichung gilt für beide dasselbe: Kleine Schritte, die wir euch in Kapitel 3 und 4 vermitteln werden. Denn alles andere ist reine Selbstsabotage: Zu hohe Ziele an sich selbst führen eine Frustspirale nach unten. Wir kennen das alle von unseren Neujahrsvorsätzen.

Anhand dieser einfachen, aber nicht leichten Erkenntnis definieren wir uns den Prozess zum Erreichen unserer eigenen Ziele. Wenn ihr euch also eure Lebensziele setzt, so müsst ihr euch als allererstes dafür entscheiden, in euch selbst investieren zu wollen, in eure eigene Einstellung und in eure Art, mit anderen Menschen umzugehen. Ganz gleich, welchen Wunsch wir auch hegen, alles fängt zuerst bei uns an, mit unserem Engagement und unserer Bereitschaft selbst aktiv zu werden, unsere Grenzen zu verschieben und auch empfänglich zu sein, für das was das Leben uns bieten möchte.

//

* * *

AUFGABE 2.4

Schaut euch drei Social Media-Profile eurer Freunde an. Was erzählen die dort aufgelisteten Fakten darüber, wer eure Freunde sind und was sie als Lebensziel haben? Geht es um Sein oder um Tun? Notiert eure Erkenntnisse und übertragt diese gern auf euch selbst. Habt ihr keine Social Media Profile, so beantwortet für euch die Fragen vom Anfang dieses Kapitels:

- Wer bist du?
- Wo willst du hin?

//

EXKURS: WAS MACHT UNS STARK?

Erkenntnisse über Bedürfnisse, Ressourcen, Privilegien und Ziele machen uns schon stärker, als wir glauben. Aber gibt es noch andere Dinge, die uns stärken? Wann erkennen wir, ob ein Wesen wirklich stark ist? An den kleinen, nagenden Dingen wie Stressoren im Alltag zum Beispiel. So kann auch ein starker Baum zwar dem Sturm trotzen, aber dennoch wegen des Borkenkäfers zu Grunde gehen. Betrachten wir uns selbst metaphorisch als Baum, so gibt es drei Aspekte, die uns stark machen.

* * *

Aspekt eins:

Die Bereitschaft, seine Äste abzuwerfen. –

Was sind unsere Äste?

Ballast: Wir sammeln unser Leben lang. Die Rolle des Sammlers und Jägers haben wir trotz der Jahrtausende, die wir hier auf der Erde leben, immer noch nicht abgelegt. Mal ist es ein neues Auto, mal ein Streaming-Abo, ein neuer Pullover oder ein Fernseher im Schlafzimmer. Diesen – oft gegenständlichen – Ballast schleppen wir dann durchs Leben.

Der Besitz will unterhalten, bezahlt, abbezahlt und gepflegt werden. Teure Dinge brauchen zusätzlich Versicherung und Schutz. Status-Symbole wollen übertroffen und erneuert werden. So sammelt sich ein gewaltiger Haufen von Aufgaben.

Toxische Beziehungen: Wir haben fast alle Menschen in unserem Umfeld, die uns nicht gut tun. Kollegen und Vorgesetzte, Nachbarn, Schwiegereltern. Ja, seien wir mal ehrlich, gerade die nächsten Familienmitglieder sind manchmal diejenigen, die uns tagtäglich unsere Kraft rauben. Wie ein Borkenkäfer.

Unsinn: Wir werden in der heutigen Welt stets abgelenkt. Es klingelt, piept und möchte Aufmerksamkeit – das Smartphone. Es gibt ununterbrochen neue unterhaltsame Sendungen im Internet oder im Fernsehen. Es gibt jede Woche neue Angebote im Supermarkt. Millionen von Marketing-Profis machen es uns zu einer sehr schweren Aufgabe, diese (absolut unnötige) Angebote zu ignorieren. So füllen wir den Tag mit Ablenkungen und füttern unser System mit Themen und Dingen, die uns nicht gut tun.

Die Bereitschaft, diese Äste abzuwerfen, um stark zu sein, klingt vernünftig. Wir werden später darauf eingehen, warum es uns so schwer fällt, unsere überflüssigen, uns beschwerenden Äste abzuwerfen.

* * *

Aspekt zwei:

Die Fähigkeit, sein Wurzelwerk anzupassen.

Wie können wir das hinbekommen?

Der Boden unter unserem Baum steht metaphorisch für alles, worauf wir unser Ich fußen: unsere Erfahrungen, unsere Beziehungen, unsere Kompetenzen die wir zum Beispiel im Beruf nutzen.

Wenn der Boden unter uns nachgibt, sich verändert, dann bedarf es eines angepassten Wurzelwerks. Umzug, Veränderungen im Freundeskreis, Heirat und Scheidung, Geburt unserer Kinder, Veränderungen im Beruf – all das sind Bewegungen, die wir als Baum spüren. Wir brauchen einen starken Halt, um mit allem, was auf uns zukommt, zurecht zu kommen.

Wenn wir uns nur mit unserem starken Halt beschäftigen, dann verpassen wir womöglich wichtige Dinge, die derzeit über der Erdoberfläche (metaphorisch gesprochen) passieren. Wurzelwerk allein darf also nicht im Fokus sein.

Wie passen wir unser Wurzelwerk an? Indem wir reflektieren und erkennen, was in unserem Leben (= Boden) gerade los ist und ob wir handeln (= unser Wurzelwerk anpassen) sollten.

* * *

Aspekt drei:

Das Wachstum, die Entwicklung und die Transformation

Wie wachsen wir?

Es gibt sehr viele Beispiele dafür, wie ungünstige Wetterbedingungen für wundersame Anpassungen sorgen. Die gesamte Evolution basiert auf der Fähigkeit der Natur, sich anzupassen. (So folgt die Natur dem Satz "Jede Angelegenheit ist eine Gelegenheit".) Da wir ein Teil der Natur sind, ist es super logisch, dass auch wir diesem Weg folgen und für uns aus den Bedingungen, die wir vorfinden, das Beste gestalten. Überleben allein (nicht umfallen oder nach dem Fall wieder aufstehen) ist dabei die erste Stufe.

Die zweite, viel spannendere Stufe einer starken Persönlichkeit steckt in dem, was wir aus den Herausforderungen und Erlebnissen machen. Wachsen wir daran? Entwickeln wir neue Aspekte unserer Persönlichkeit? Transformieren wir unser Leben? Das können wir nur dann, wenn wir in einer gesunden und ausgeglichenen Verbindung mit unserer Außenwelt sind. Gemeint ist, dass wir uns nicht über das Wetter beklagen (*Die Suppe des Lebens*, vergleiche 1.1) und uns unserer Bedürfnisse, Ressourcen, Privilegien und Ziele bewusst sind (vergleiche Kapitel 1.2).

Wir wachsen außerdem an und mit anderen Menschen. Für den Baum können es Vögel sein oder Nachbar-Bäume, aber auch Schädlinge oder Schmarotzer wie die Mistel. Im Unterschied zu einem Baum sind wir als Menschen in der Lage, uns unsere Umgebung auszusuchen und unsere Standposition zu verändern.

Zusammengefasst, werden wir oft bereits durch die Erkenntnis stark und wachsen über das Erkennen von dem, was wir sind und was wir brauchen.

//

Haben wir das Recht zu jammern? Kommt das Jammern uns vielleicht nur deswegen normal vor, weil wir alles haben? Vielleicht ist das Jammern ja auch ein Weglaufen von sich selbst, ein Versteckspiel mit der eigenen Kraft, aus Angst vor der unendlichen Weite der persönlichen Möglichkeiten?

***

Willst du glücklich sein? Dann lerne erst leiden.

– Iwan Sergejewitsch Turgenev

Es wird nicht gejammert in Afghanistan

Julien beschreibt einen Teil seines Einsatzes in Afghanistan. Eine Realität, die wir fast nur aus den Fernsehberichten kennen. Wie so viele andere militärische Einsätze ist das ein Umfeld, in dem nicht gejammert werden darf.

Die Ausrüstung klebt an meinem Körper. Es ist über 40 Grad heiss und die Sonne knallt, mein Combatshirt unter der Weste ist mittlerweile eine drückende, nasse Einheit aus Schweiß und Schmutz, das Wasser läuft unter der Kampfhose runter am Bein entlang. Ich habe meine Ausrüstung komplett angelegt, mein Daypack ist fertig, mein Munitionspack auch. Beide Funkkreise laufen, die letzten Updates von der Aufklärung haben keine neuen, zusätzlichen, beunruhigenden Nachrichten gebracht, nur die Standard-Warnungen um die Wahlen herum: Tötung von Wahlhelfern hier, Anschlag da. Das Grundrauschen in einem Land, das nichts anderes als solche Nachrichten kennt, aber halt auch doof, weil wir jederzeit mit irgendwas Schlimmen rechnen müssen. Es finden Wahlen statt, was die Lage nicht stabiler macht, im Gegenteil, und die NATO wechselt von einem Mandat in ein neues, welches Afghanistan voranbringen soll. 12 Jahre später weiß die ganze Welt, dass das eine Farce war, ein Witz – und er ist uns um die Ohren geflogen.

Ich laufe zu unserer Fahrzeug-Stellfläche, wo meine Männer und Frauen die gepanzerten Fahrzeuge schon aufgefahren haben, die Waffen einlaffettiert, alles ist geprüft und vorbereitet. Sie warten auf mich, um die letzten Befehle zu bekommen.

Auf dem kurzen Weg zur Fahrzeug-Stellfläche trocknet der heisse Wind und die Sonne den Großteil meiner Uniform, bis auf die Bereiche unter der Weste. Die Aussicht, mich mit meinem bauartbedingt zu großen Körper gleich für mehrere Stunden auf den engen kleinen Kommandantensitz in den "gepanzerten Kleinstwagen", wie ich ihn nenne, zu zwängen und bei der Hitze durch die Schlaglöcher von Afghanistan zu rumpeln, um verschiedene Dinge zu erledigen, stimmen mich eher wenig begeistert. Doch diesen Gedanken verwerfe ich gleich, denn gejammert wird hier nicht – weder in meiner Position, noch in unserer Situation. Wir haben uns für diese Arbeit entschieden, mit all den Konsequenzen, und die tragen wir jetzt.

Neben meinen Männern und Frauen stehen unsere aufgeregten "Gäste". Meine Männer und Frauen mögen es nicht, "Fremde" mitzunehmen, denn sie sind nicht in die Abläufe der Besatzungen eingeübt. Unsere Gäste – wegen ihnen fahren wir den heutigen Auftrag – geben sich wie die Friseure. Wir gehen nochmal gemeinsam die Lage und Änderungen des Auftrages durch, in Englisch natürlich. Routine. Danach gibt's eine Faust für alle, außer den "Friseuren", wäre auch nicht ebenengerecht, und wir fahren los.

Wir haben verschiedene Besuchstermine in äußeren Bereichen und außerhalb der Stadt. Projekte müssen übergeben werden, weil sie in Zukunft nicht mehr durch die NATO, sondern eigenverantwortlich durch die Afghanen oder andere Organisationen weitergeführt werden sollen. Damit all das geregelt werden konnte, hatten wir sehr lange Tage. Während unsere Gäste sich mit ihrem Pendant besprachen, sicherten wir die Umgebung, nahmen noch andere Kräfte mit ihren "Gästen" auf und setzten uns mit folgenden Aufträgen auseinander. Je nach Teilnehmer bei diesen Besprechungen, wurden uns zusätzliche Sicherungskräfte unterstellt, Sanitätskräfte oder auch Hunde, oder wir bekamen Drohnen zur Überwachung aus der Luft. Für mich als zuständiger und verantwortlicher Ground Force Commander war also immer was zu tun. Keine Zeit zu jammern!

Erstaunlicherweise gab es andere Menschen, die permanent gejammert oder gemotzt haben, die sich über alles Mögliche beschwert haben. Diese Menschen waren schlimmer als alles, was zu dem Zeitpunkt in Afghanistan um mich herum war.

Dürfen wir jammern?

Es gibt Zeiten in unserem Leben, da können wir die äußeren Gegebenheiten (*die Suppe des Lebens*) nicht beeinflussen. Weder das Wetter, noch die Menschen, die um uns herum sind, oder mit denen wir zusammenarbeiten müssen. Dann sind diese Gegebenheiten vielleicht beschwerlich, sie wirken vielleicht etwas unangenehm auf unseren Körper oder unsere Psyche ein, vielleicht müssen wir uns mal etwas außerhalb unserer Komfortzone bewegen. Die heutige Komfortzone ist für die meisten von uns ein riesengroßes Königreich. Wer von uns muss denn heute außerhalb der Komfortzone agieren? Eigentlich niemand. Wir müssen weder um unser Überleben kämpfen, noch um unser Essen und auch unsere Zukunft wird durch äußere Faktoren nicht in Frage gestellt. Niemals ging es uns so gut wie derzeit, gesellschaftlich, monetär und technisch gesehen. Und doch jammern wir.

Wer kennt die Bemerkung nicht: "Boar ich muss echt was essen, sonst verhungere ich!" Ausgehend von unserem Lebensumstand und der gesellschaftlichen Struktur können wir davon ausgehen, dass die wenigsten von uns in ihrem Leben wirklich mal gehungert haben, also über Tage und Wochen – so wie es unsere Großeltern teilweise taten. Wir sind sehr schnell damit für uns zu definieren, dass wir nicht weiter können, nicht mehr wollen und alles um uns herum eigentlich zu viel für uns ist. Doch dabei vergessen wir zu häufig, dass wir die am weitesten entwickelte Kultur dieses Planeten sind, mit dem höchsten Komfort, dem höchsten Standard in Gesundheitsvorsorge, Bildung, sozialer Teilhabe und Sicherheit. In keiner anderen Epoche gab es derartige Verhältnisse, wie sie heute bei uns vorherrschen. Wir sind die privilegierteste Gesellschaft, welche je auf diesem Planeten gelebt hat, und sind uns dessen oft gar nicht bewusst (vergleiche Kapitel 2.3).

Als Kinder der 70er und 80er Jahre, welche mit allen Vor- und Nachteilen dieser Epoche gesegnet wurden, hätten wir uns im Traum nicht vorstellen können, welche Privilegien die moderne westliche Gesellschaft heute genießt und vielfach als naturgegeben hinnimmt. Hätte man unseren Großeltern im Jahre 1980 erzählt, dass wir in 30 Jahren kostenlos mit allen Menschen weltweit in Echtzeit und Video kommunizieren können werden, uns wäre die Zurechnungsfähigkeit abgesprochen worden. Selbst in den 2000er Jahren hat ein Brief von Nordamerika mit der normalen Post bis zu vier Wochen benötigt, um bei seinem Empfänger in Deutschland in den Händen zu landen. Die Technologie hat unsere Kommunikation völlig revolutioniert. Information geht in Sekunden um die Welt, jederzeit, von überall, kostenlos und vor allem für uns alle selbstverständlich. Vor nicht mal 100 Jahren, als die ersten Automobile das Stadtbild veränderten, hätte niemand den Quantensprung der Technologie voraussehen, geschweige denn ahnen können. Selbiges gilt für medizinische Entwicklung, Nahrung, einem Dach über dem Kopf, kostenfreie Bildung, öffentlichen Nahverkehr und vieles weitere mehr. Schleichend haben wir uns an einen Lebensstandard gewöhnt, welcher unseren Großeltern in ihren kühnsten Träumen nicht eingefallen wäre.

Unabhängig davon sind wir ständig am lamentieren. Das mag zum einen an dem schneller-schöner-weiter unseres Lebensstils liegen oder an unserer angeborenen Trägheit. Beide Phänomene lassen sich schlecht miteinander vereinbaren, denn für ein weiteres Fortkommen nimmt die Kurve der eigenen Anstrengung exponentiell zu. Will meinen, doppelter Fortschritt, vierfache Anstrengung.

Jammern ist keine Option

Nein, das tun wir nicht. Jammern ist keine Option. Nicht in Afghanistan, nicht in einer Zweizimmer-Wohnung mit Balkon. Denn:

- Jammern bedeutet, in der Sackgasse der eigenen Komfortzone stecken zu bleiben.

- Jammern bedeutet Schwäche. Und egal, wie sehr ihr Angst vor der eigenen Kraft und vor der eigenen unermesslichen Macht habt, Jammern ist das letzte, was unsere Welt besser macht. Keine Situation dieser Welt wird durch das Jammern und Klagen besser. Es entstehen keine neuen Lösungen aus dieser Haltung.

- Egal wie hoch der Anspruch ist, den wir gerade an uns gestellt spüren, der Moment, in dem ihr jammern möchtet, ist die Gelegenheit für das Wachstum und für das Stärkerwerden. Wer diese Gelegenheit verpasst, rauscht *am Leben vorbei.*

- Still jammern und der Realität entfliehen, zum Beispiel durch Alkohol, ist auch keine Option. Statt unseren Schmerz zu betäuben oder ihn zu verdrängen, wie wir es allzu oft tun, können wir seiner Botschaft lauschen und ihn als Ruf wahrnehmen, etwas in unserem Leben zu verändern, um glücklicher und weiser zu leben.

Die einzige gesunde Option für jede Situation, in der es euch nach Jammern ist: Erkennen, was die Gründe für den Frust und die gefühlte Unerträglichkeit der Situation sind. Erkennen, welche äußeren Faktoren veränderbar sind, und falls es doch keinen Schatten unter der afghanischen Sonne gibt, eure eigene Einstellung zu der Situation ändern.

Mit Markus' Worten:

Bevor das sinnlose und nichts bringende Klagen angestimmt wird, prüfe jeder wo er sich befinde. Sind Arme und Beine noch dran? Ist das Dach über dem Kopf noch existent und der Kühlschrank einigermaßen gefüllt? Dann steht auf, erhebt euch zu neuem Werk und spuckt in die Hände. Es gibt genügend Arbeit für euch!

//

* * *

AUFGABE 2.5

Seid ehrlich und denkt über eine Situation nach, in der ihr euch vor einer Aufgabe gedrückt habt oder über etwas gejammert habt, was euch angeblich daran hindert, etwas störungsfrei zu tun. Stellt euch selbst die Frage: Will ich so ein Mensch sein, der bei der nächstbesten ungemütlichen Situation zu klagen beginnt?

Seid milde zu euch und erlaubt euch daran zu glauben, dass Jammern ein Schutzschild für euch gewesen ist. Ein Schutzschild, das euch vor eurer eigenen Kraft und eurem Durchsetzungsvermögen versteckt.

Ab heute gilt: Wann immer ihr euch beim Jammern erwischt, zehn Liegestütze oder 50 Kniebeuge.

//

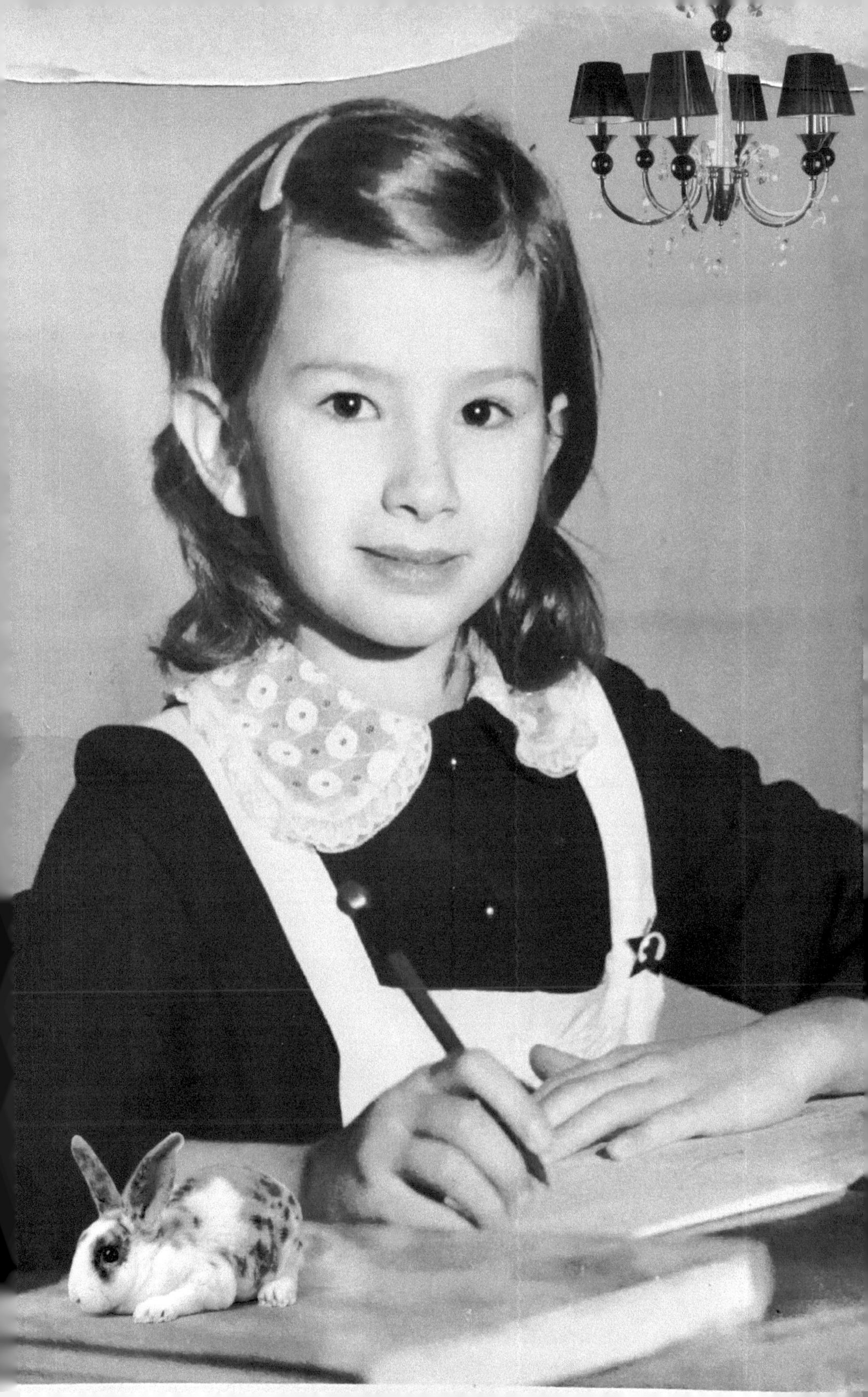

EPILOG KAPITEL 2

Was wir von Nadja lernen können: Erkennen

Nadja, erzähl mal: Wann hast du das erste Mal in deinem Leben eine richtige Erkenntnis gehabt, durch was wurde sie ausgelöst?

Ich kann mich heute an viele Erkenntnisse erinnern, die ich früher vor mir selbst versteckt habe. Das Gefühl und dann die Gewissheit, ein Außenseiter zu sein und nicht dazu zu gehören haben mich als Kind in der Schule sehr viel leiden lassen. Nicht nur die Mitschüler haben einen großen Bogen um mich gemacht, auch die Lehrer und auch die Schuldirektorin haben mich ordentlich gemobbt. Weil ich – naiv – dachte, die anderen wären schuld (das berühmte Außen), habe ich dann die Schule gewechselt, weil es für mich emotional nicht auszuhalten war. Es folgte eine weitere wichtige Erkenntnis: Auch in der neuen Schule wiederholte sich meine Geschichte, verstärkt durch den Fakt, dass ich neu und darum – nur zu logisch – ein Fremdelement war.

Wie so oft: Wir entscheiden, was wir aus den Fakten unseres Lebens machen. Ich kann mich auf den Opferstuhl setzen und weinen oder mich fragen: Wozu ist das eine Gelegenheit? Meine Erkenntnis aus der Ablehnung, die ich in der Schule erlebte, war: Keine Freunde zu haben bedeutet viel Zeit für mich selbst. Nicht eingeladen zu werden heißt selbst einladen zu können – wen ich will. Nicht dazu zu gehören bedeutet Freiraum für meinen eigenen Geist. Hätte ich einen sehr aktiven Freundeskreis, würde ich vielleicht meine Idee vom Psychologiestudium in der Sprache Freuds an den Nagel hängen.

Welche Bedeutung haben Erkenntnisse in deinem Alltag?

Erkennen bedeutet für mich mehr zu sehen als das Offensichtliche. Wir sind – der Überlebenstaktik unseres Gehirns geschuldet – sehr schnell im Bewerten. Und, damit wir die Dinge wieder schnell von unserer To Do Liste streichen können, folgen wir dem ersten Impuls, der ersten Bewertung. Damit nehmen wir uns viele Möglichkeiten. Zu erkennen, was noch alles in der Situation versteckt ist, ist ein großer Schatz, den ich jeden Tag dankbar annehme.

//

Beach

ZWISCHENSTOPP / BRÜCKE

Betrachtet diesen Text als die letzte Tankstelle vor der Staatsgrenze ... So in der Art.

Wir sind jetzt zwei Kapitel auf reinen Denkwegen unterwegs gewesen – die waren auch notwendig, weil wir niemals aus dem Stand heraus etwas verändern können, schon gar nicht unser Leben. Doch wäre unser Buch nur eines von vielen anderen, wenn wir auf diesem Weg bleiben und euch wahrscheinlich sehr viel Frust bescheren würden. Denn immer würdet ihr nicken, aber ihr würdet nicht ins Handeln kommen und das schlechte Gewissen würde immer größer werden.

Dieses Buch ist dennoch nicht utilitaristisch orientiert, es ist bewusst kein Werkzeug für die Verbesserung eures Lebens – und dennoch werdet ihr am Ende den Wunsch verspüren, dieses Mal wirklich zu handeln, ohne Jojo-Effekte usw. Wir haben einen um 180 Grad gedrehten Ansatz, in dem es nicht darum geht, euch reich, sexy, angesehen, usw. zu machen. Unser Ansatz wird euch vordergründig kein protziges Auto, keine Villa am Strand oder Champagner-Bäder bescheren. Dennoch gibt es in jedem von uns Wünsche für das eigene Leben, das berufliche Fortkommen, die Partnerschaft oder die Seelenzufriedenheit. Viele stoßen beim Gestalten ihres Lebens innerlich an eine gläserne Wand, welche nicht zu umgehen scheint, unendlich in der Ausdehnung und von undurchdringlicher Härte. Widerstände, an welche wir immer wieder in unserem Leben stoßen, aber bisher keine Strategie entwickelt haben diese zu überwinden, zu umgehen oder gar für uns zu nutzen.

Also hat dieses Buch doch etwas mit Erfolg zu tun?

Alle Autoren bekennen sich klar zum Erfolg, egal auf welcher Ebene. Es kommt aber auf das Messinstrument an und wie wir Erfolg definieren. In den folgenden Kapiteln werden wir über die Verknüpfung von innerer Balance und Erfolg, von Seelenglück und beruflicher Zufriedenheit, Selbstliebe und Familie, von Ausrichtung und Karriere sprechen. Aber klassische Selbsthilfebücher für die Karriere, Business Coaches, Familienratgeber und psychologische Lebensorientierung gibt es zu Hauf. Wir wollen uns nicht in die gleiche, bereits bekannten Positionen begeben, sondern viel von uns selbst berichten, unseren Krisen, Niederlagen und vor allem von unseren Wegen. Es ist wichtig zu akzeptieren, dass alle Menschen scheitern, straucheln, fallen und aufschlagen. Die einzige Frage ist: Wie gehen wir damit um?

Unser Ansatz besteht aus den sehr ehrlichen und auch sehr harten Erfahrungen von uns als Autoren, wie sich unser Lebensglück durch innere Zufriedenheit eingestellt hat. Wir sind der festen Überzeugung, dass der echte Erfolg langfristig nur zu denen kommt, welche sich selbst – aus der inneren Kraft und aus eigener Entscheidung – aufgestellt haben. Zum anderen schreiben wir bewusst über unsere schweren Zeiten, weit weg von vollen Kühlschränken, warmen Wohnungen und ruhigen Nächten. Wir sind durch viele schwierige Situationen hindurch, haben selbst die Narben des Schicksals davongetragen und dennoch eint uns drei das gleiche Bestreben. Wir wollen, dass ihr damit etwas für euch entdecken könnt, etwas was euch persönlich nützt, egal für was, aber immer dann, wenn ihr es gerade benötigt. Ihr könnt euch also mit uns jetzt auf euren Weg begeben, ohne dabei die gleichen Höhen zu erklimmen und Tiefen durchwandern zu müssen, wie wir es taten. Fühlt euch eingeladen mit uns gemeinsam etwas zu wagen, euch selbst ins Gesicht zu blicken und dann aufzubrechen. Anzuhalten und zu erkennen, was wir wirklich wollen, ist nur die halbe Miete. Das ist die Vorbereitung auf eine Reise, die jetzt beginnt: Mit einer Entscheidung.

Und darum beginnen wir Kapitel 3 auch genau damit – und als kleine Vorwarnung: Ab jetzt wird das Buch zunehmend unbequemer. Veränderungen tun manchmal weh, nicht umsonst gibt es das Wort "Wachstumsschmerzen". Wir laden euch immer wieder ein, es zuzuklappen, wenn es euch zu viel wird. Doch nehmt es wieder in die Hand, wenn ihr weiterhin zuversichtlich und neugierig seid – und das seid ihr, oder?

Der Fokus liegt auf eurem Wohlsein, eurer Zufriedenheit und eurem Lebensglück. Hierbei geht es weniger um finanziellen oder beruflichen Erfolg als Ziel allen Bemühens. Auch sind weder mediale Aufmerksamkeit, „Likes" auf sozialen Plattformen, Ansehen, Ruhm oder gesellschaftlicher Status Ausrichtung dieses Buches. Es geht um euch als Mensch und niemanden anderen als euch.

In diesem Sinn: DANKE, dass ihr es in der Hand haltet, aufgeschlagen habt und lest.

//

***

AUFGABE 3.0:

Besorgt euch einen Taschenspiegel und schaut immer dann hinein, wenn ihr ein gutes Gefühl in Bezug auf eure Zukunft habt.

//

Kapitel 3

ENTSCHEIDEN

Das Kapitel mit den klarsten Botschaften, Ansagen, mit den bittersten Erkenntnissen und allem, was gewöhnliche Glücksratgeber verteufeln. Wenn Ihr sie nicht hören wollt, dann macht das Buch zu und lebt weiter *am Leben vorbei.*

//

ENT-SCHEIDE! – EIN ABSTRACT

Wenn ihr euch nicht entscheidet, tun es andere für euch. Das könnt ihr gern als Option wählen, dafür müsst ihr nicht mal etwas tun, bleibt einfach liegen! Ok, das war ironisch. Zurück zum Ernst: Wir setzen uns hier mit der Frage auseinander, wie viel wir wovon gebrauchen und wie schnell. Und ja, auch in diesem Kapitel gilt die Regel: Ihr braucht nur dann weiter zu lesen, wenn ihr euer Wunschleben ernst nehmen wollt.

Als wir dieses Buch geplant haben, war uns klar: Es bildet einen Prozess ab, nämlich den, den wir mit den Menschen immer durchlaufen, ob das Nadja mit den Führungskräften ist, die sie als Psychologin coacht, ob das Markus mit den Jugendlichen ist, die in seine Selbstverteidigungskurse kommen, oder ob das Julien ist, der als Kompaniechef erwachsene Menschen durch ihren Dienstalltag führte und sie zum großen Teil auch erzog. Alle Menschen, die eine Veränderung durchschreiten, gehen einen ähnlichen Weg, den wir hier abbilden. Hier in Kapitel 3 sind wir an der Stelle, an der es langsam echt unbequem wird, zumindest in dem Opferstuhl, in dem ihr vielleicht sitzt (vgl. Kapitel 1.4). Denn hier lernen wir zu entscheiden, und zwar immer danach, was uns selbst gut tut, ohne Egoisten zu sein. Das mag vielleicht vorerst wie ein Paradox klingen, aber es ist alles andere als das. Wenn wir uns entscheiden, unser eigenes Leben zu führen, dann entscheiden wir uns gegen alle Hindernisse, ob das Menschen oder Umfelder sind. In diesem Kapitel geht es um toxische Menschen und woran wir sie erkennen, wie wir unseren Alltag mit Haushalt, Steuererklärung und Co. auf die Reihe bekommen und wie wir es dann abends schaffen zu sagen: Wow, was für ein schöner Tag! Das ist möglich, wenn wir uns dafür entscheiden. Und wenn wir uns morgens als erstes entscheiden, unser Bett zu machen, dann haben wir direkt abends etwas, worüber wir uns freuen, dass wir uns morgens dazu entschieden hatten. Es ist so! Und das können wir auf das gesamte Leben übertragen: Der erste Schritt ist immer die bewusste Entscheidung.

Und wie Markus in einer Unterhaltung zu dem Kapitel so schön gesagt hat: "Es gibt Leute, denen musst du mit der Dachlatte vor den Kopf hauen, damit überhaupt etwas in Gang kommt und es gibt Leute, denen musst du zuhören."
Dieses Buch ist insgesamt beides, das folgende Kapitel ist dennoch eher Kategorie Dachlatte. Die Dinge, die wir hier besprechen, sind einfach zu alternativlos für euer eigenes Leben.

//

3.1 BLEIBT LIEGEN! WAS SELBSTSABOTAGE MIT UNS MACHT

Es ist viel leichter im Leben, liegen zu bleiben, eigene Kräfte zu schonen und als Opfer gar nicht so schlecht dazustehen. Hier geben wir euch die erste Nuss zu knacken und die erste Entscheidung für oder gegen ein Leben voller Leichtigkeit und Freude.

* * *

Wer eine Jogginghose trägt, hat die Kontrolle über sein Leben verloren.

– Karl Lagerfeld

Der Psychologe Abraham Maslow hat in seiner wissenschaftlichen Betrachtung unserer Gesellschaft behauptet, höchstens 2 % der Bevölkerung hätten je die Spitze einer Pyramide erreicht (die er selbst konstruiert hat) und sich somit mit Selbstverwirklichung beschäftigt (vergleich auch Kapitel 2.1). Doch ist das in der heutigen Gesellschaft anders – 50 Jahre nach Maslow?

Seien wir mal ehrlich, das Leben ist ja ohnehin schon schwer genug mit Schulabschluss schaffen, Job finden, Miete zahlen und dann auch noch Familie, Kinder und Kaffeetratsch mit der Schwiegermutter. Da müssen wir uns doch nicht auch noch durch die ganzen Fragen nach unserem Potenzial durchkämpfen! Wir schaffen es nicht einmal, den Content auf Social Media durchzulesen und die neuen Videos in unserem Streaming-Abo durchzuschauen, wo sollen wir uns denn noch Zeit stehlen um unser Wesen zur Entfaltung zu bringen? Das können wir ja weder anfassen noch in unserem Status posten! Unsere Möglichkeiten und Begabungen auszuschöpfen klingt zwar verlockend, aber auch sehr anstrengend.

Immer schön unterm Radar bleiben

Lasst uns lieber liegen bleiben und unsere Kräfte für die Kleinkriege mit den Nachbarn schonen. Unsere Nachbarn sind schließlich sehr real, während diese psychologischen Potenzialgeschichten sehr abstrakt und eher wie ein Luftschloss klingen.

Wenn wir das nämlich tun, dann sind wir schön in dem Mittelmaß und fallen nicht auf. Wir können wunderbar zustimmend nicken, wenn unsere Freunde darüber reden, wie anstrengend das Leben ist und wie ungerecht. Wir können uns beim Grillen die Mäuler darüber zerreißen, wie doof die Politiker oder unsere Chefs sind und dann später vor dem Fernseher gemeinsam über die Unfähigkeit des Trainers schimpfen, der unser Lieblingsverein mal wieder falsch angeleitet hat. Damit hätten wir stets genug zu tun und wären ein passgenaues Stück dieser Gesellschaft. Immer schön unterm Radar bleiben und bloß nicht auffallen.

Ein klitzekleiner Hinweis: Wir wären damit aber auch ein Teil des Problems, welches wir mit dieser Gesellschaft haben. Und wenn ihr nicht bereit seid, über euren eigenen Schatten zu springen und Teil der Lösung zu werden, dann könnt ihr das Buch sofort zuklappen.

Selbstsabotage – eine Kunst, die wir alle beherrschen

Der Schatten, über den ihr springen müsst, nennt sich Selbstsabotage, und es gibt viele Formen davon. Weil wir hier im Kapitel "Entscheiden" sind, beziehen wir die Selbstsabotage auf unsere leider oft unbewusst getroffene Entscheidung, lieber mit dem bekannten Unglück Vorlieb zu nehmen statt sich in die Selbstverwirklichung und somit in das unbekannte Glück zu stürzen.

Wir entscheiden uns also sehr oft gegen unsere Wünsche, Träume und Ziele, weil wir uns damit – wie oben beschrieben – bequem hinlegen und unsere Kräfte sparen können. *Am Leben vorbei.*

Wie sieht diese Selbstsabotage aus? Wir grübeln, prokrastinieren, schieben Dinge auf – oder werden mit der Erledigung der Dinge nie fertig. Wir lenken uns mit unwichtigen Tätigkeiten ab (in der *Suppe des Lebens*), finden Ausreden für unsere Vorsätze und gute Absichten (halten weder unsere Diät noch unsere Fitnesspläne ein), lassen uns mit falschen (toxischen) Personen ein und manchmal meiden wir sogar Menschen, die uns gut tun könnten. Wir wissen, was richtig und gut für uns wäre, und dennoch tun wir etwas, was uns schadet, uns ausbremst oder nach hinten wirft.

Diese – von Psychologen als Selbstsabotage bezeichneten – Verhaltensmuster sind in unserem Leben ein wichtiger Schutzmechanismus, eine Strategie für das Überleben ohne Anstrengung. Aber auch eine Garantie für Unzufriedenheit.

Selbstsabotage als Fluch

Irgendwann als Kind inhalieren wir die Sätze unserer Erziehungsberechtigter und nehmen sie als Wahrheit auf. "Du kriegst keine Extrawurst", sagt jemand beiläufig zu uns. Was lernen wir? Wir sind nicht besser als der Durchschnitt. Andere Beispiele von solchen Sätzen sind:

- Wie du wieder aussiehst!
- Was sollen die anderen denken!
- Kannst du mir mal sagen, was das soll?
- Da bist du zu klein für!
- Das verstehst du nicht!
- Sei doch nicht so kindisch!
- Gib her!
- Kommt überhaupt nicht in Frage!
- So geht das aber nicht!
- Mach nicht so ein Theater!
- Hör auf damit!
- Musst du immer deinen Kopf durchsetzen!

Über diese Sätze wird unser Selbstbild mit Überzeugung gefüttert: Ich bin klein, kann das alles nicht, bin unwichtig, unbedeutend und auf keinen Fall besser als die anderen. Das eigene Selbstvertrauen hinkt auf einem Bein, das Selbstbewusstsein hat eine Dauermigräne oder ist gar nicht anwesend. Wie soll diese Person denn die richtigen Schritte auf dem Weg zu dem eigenen Traum erkennen und selbständig gehen? Unmöglich!

Selbstsabotage als Segen

Warum die Selbstsabotage aber auch ein Segen ist? Weil wir damit nicht auffallen. Wir werden nicht gemobbt für ungewöhnliche Wünsche oder außergewöhnliche Frisuren. Wir dürfen mitschwimmen, ohne viele Entscheidungen treffen zu müssen. Das System gibt vieles vor und wir können das mit Leichtigkeit übernehmen und uns beim Stammtisch über die *Suppe des Lebens* aufregen, und damit können wir unser gesamtes Leben füllen und mit einer großen Wahrscheinlichkeit *am Leben vorbei* kommen, und niemand wird uns dafür rügen. Wir stellen uns in unseren eigenen Weg und beweisen uns selbst, dass wir – was immer wir gerade wollten – nicht erreichen können.

Und somit kommen wir zum Kern dieses Teilkapitels: eurer Entscheidung. Wählt ihr die bequeme Seite des Spiels, bei der ihr Kraft und Energie spart, mit dem Strom schwimmen könnt und nicht ins Rampenlicht gelangt?

Oder entscheidet ihr euch dafür, das eigene Selbstbild zu prüfen, den schwächenden Glaubenssätzen auf die Schliche zu kommen und das hinkende Selbstvertrauen zu kurieren?

Wie so oft, beginnt der erste Schritt bei euch selbst. Mit der Annahme des eigenen Selbst so wie ihr gerade seid. Ungeschönt, ohne Beauty Filter, mit all den Pickeln und Beulen. In diesem Fall haben wir im nächsten Abschnitt ein paar Alltags-Ideen für das Auskurieren des Selbstvertrauens parat.

***

AUFGABE 3.1

Schreibt einen Satz auf, den eure Eltern/Erzieher so eindringlich zu euch gesagt haben, dass ihr euch heute noch daran erinnert. Entscheidet euch, wie ihr mit diesem Satz in Zukunft umgehen möchtet.

//

3.2 REGEL-MAß IM ALLTAG

Ihr könnt euch jeden Tag entscheiden, euer Leben zu gestalten. Dabei spielen Regeln und Routinen eine wichtige Rolle, und das auch nur dann, wenn diese Regeln im passenden Maß da sind. Kleine Schritte haben eine enorme Wirksamkeit – wir verraten euch eine magische Formel für den Übergang aus dem Erkennen in das Handeln.

***

Alles was sich entwickelt, wächst und blüht, geht eben in kleinsten Schritten vor sich – alle großen Änderungen sind katastrophisch. ... Nun kann man sich leider an kleinen Schritten schwer begeistern, während utopische Verheißungen die Massen in Schwung bringen. ... Das Große liegt im Kleinen verborgen.

– Paul Watzlawick

So wie ihr gerade da sitzt, steht oder liegt, so seid ihr das Ergebnis eurer Entscheidungen. Ein wunderbares Ergebnis aller Entscheidungen des bisherigen Lebens, und auch inklusive all derer Entscheidungen, vor denen ihr euch gedrückt habt. Ja, auch nicht getroffene Entscheidungen sind Entscheidungen.

Unser Gehirn ist gelinde gesagt eine faule Denkmaschine und versucht stets Strom zu sparen, sprich, möglichst das zu tun, was wir immer schon getan haben – mit einer Tendenz zu möglichst wenig bis am liebsten überhaupt nichts zu tun. Das Tun bezieht sich in diesem Fall auf das Denken und somit auch auf das Entscheiden. All' die Themen, die bei der Entscheidung zu wenig Denk-Ressourcen beanspruchen, werden möglichst lange hinausgezögert bzw. ignoriert.

Das bedeutet in der Konsequenz, wir übernehmen viele Entscheidungsmuster von den Personen, mit denen wir zusammen aufwachsen. Wie wir uns kleiden und ob wir im Herbst Schal tragen, wo wir einkaufen und was wir essen, wie wir Haushalt machen und Wäsche zusammenlegen, die vielen kleinen täglichen Routinen sind ein wichtiger Teil unseres Lebens, und um diese geht es in diesem Teilkapitel.

Alles ist ein Ergebnis eurer Entscheidungen, auch wenn es keine waren

Nehmen wir euren Kleiderschrank. Dieser bestimmt, wie die Außenwelt euch wahrnimmt, ob ihr eine neue Stelle bekommt und ob sich jemand interessiert nach euch umdreht. Habt ihr schon mal mit der Bewusstheit all dieser Konsequenzen entschieden, was in dem Schrank ist?

Nehmen wir das Thema Hautpflege. In unserer Gesellschaft gilt es als bewundernswert, ab Mitte 40 jünger auszusehen als man ist. Die Kosmetikindustrie freut sich sehr über unser Bemühen, diesem Trend zu folgen. Mit der Sprache dieses Kapitels gesprochen, ist es viel wirksamer (und vermutlich auch kosteneffektiver), wenn ihr euch rechtzeitig entscheidet, ausreichend zu trinken und zu schlafen und eure Haut regelmäßig (meint: täglich) zu reinigen. Mit einer großen Wahrscheinlichkeit werdet ihr dann niemals eine teure Hautcreme brauchen. Das ist aber eure Entscheidung.

Das nächste Thema ist unsere Gesundheit. Ernährung, Sport, Schlaf. All die Themen, bei denen wir eigentlich genau wissen, was gut für uns ist, und dennoch entscheiden wir uns erstaunlich regelmäßig dafür, unser Gesundheitskonto im Voraus zu plündern und zu hoffen, dass die vielen Fitness-Angebote uns zu einem Zeitpunkt X wieder fixen werden. Für Übergewicht gibt es Diäten, für Krankheiten gibt es Ärzte und für Burnout gibt es Kliniken und den Jakobsweg.

Woran erkennt ihr, dass ihr einen guten Zeitpunkt für die Entscheidung zugunsten eurer Gesundheit bereits verpasst habt? Typische Anzeichen sind:

- Schlafprobleme
- Verdauungsprobleme
- Kopfschmerzen
- mangelnde Konzentration
- Lustlosigkeit
- zu hoher oder zu niedriger Blutdruck
- Ohrgeräusche
- Appetitlosigkeit
- Anspannung, Gereiztheit
- angeschlagene Stimmung

Diese Liste könnte noch viel länger sein, und sie ist nicht dafür da, euch Angst zu machen. Vielmehr wollen wir euch dazu einladen, eine ganz wichtige und große Entscheidung zu treffen. Sprecht uns nach:

Ich bin es wert, jeden Tag etwas für mich und mein Wohlsein zu tun.

Was genau dieses "etwas" ist, das lernt ihr bereits durch die Aufgaben am Ende der Kapitel. Damit ihr diese Übungen bestmöglich anwenden könnt, findet ihr hier eine Erklärung, warum diese Pläne wirksam sind.

How to everything

1. Regelmäßigkeit

Wie werden wir richtig gut in etwas? Sicher nicht indem wir uns die teure Ausrüstung kaufen. Eine teure Küche macht noch lange keinen Starkoch, und die Laufschuhe nicht den Marathonläufer. Wir werden gut, indem wir etwas regelmäßig tun. Schreiben, sprechen, rechnen, turnen, tanzen – alle Fähigkeiten und Kompetenzen leiten sich aus der Regelmäßigkeit ab, mit der wir etwas tun.

2. Das richtige Maß

Startet mit einer Liegestütze. Macht am Folgetag zwei. Jeden Tag eine mehr, bis ihr irgendwann die 100 voll habt. Irgendwann heißt nicht in 100 Tagen. Doch merkt euch die Regel: startet klein und bleibt in kleinen Schritten im Prozess.

Macht ihr am ersten und zweiten Tag gleich zig Liegestütze, habt ihr am dritten Tag Muskelkater und das Frustlevel eines Verlierers. Sagt euch jeden Tag wie sehr ihr euch abfeiert, es schon wieder getan zu haben und schaut euch dabei im Spiegel an. Euer Selbstbewusstsein braucht nämlich die Zuwendung von innen, um Stärke zu spüren und weitermachen zu wollen.

3. Die Psychologin sagt: Belohnung verboten!

Ob eine, zwei oder 30 Liegestützen: Belohnt euch bitte nicht! Eure Belohnung soll das Erreichen des Ziels sein, nicht ein Latte Macchiato für zwei Liegestütze. Denn was ihr beim Verzicht auf die sofortige kleine Belohnung erleben werdet, wurde von Psychologen lange untersucht. Wählen wir den Belohnungsaufschub (delayed gratification), sorgt das in der Konsequenz dafür, dass wir den längeren Weg zum Ziel eher ertragen und durchhalten.

Regelmäßig in kleinem Maße etwas für sich tun und dabei auf die kleinen Belohnungen zugunsten der späteren großen Freude zu verzichten – das war es auch schon. Ist eigentlich einfach! Und tatsächlich auch.

Die magische Formel

Wir wollen euch hier neben unseren Geschichten und wissenschaftlichen Exkursen ab und zu auch etwas an die Hand geben, was wirklich wirkungsvoll sein kann – wenn ihr euch entscheidet, es umzusetzen. In diesem Kapitel wird es eine magische Formel sein, die euren Alltag transformieren kann. Leicht zu befolgen und mit einem direkten Einfluss auf das Selbstbewusstsein. Diese magische Formel funktioniert wie folgt:

Nehmt etwas, was ihr euch mal vorgenommen habt zu tun. Zum Beispiel, morgens früher aufzustehen, um zu meditieren. Oder Liegestütze zu machen. Oder ein Glas warmes Wasser mit Zitrone zu trinken. Oder eure Klamotten aufzuräumen und das Bett zu machen.

Klingt alles an sich machbar, aber ein dickes ABER zeichnet sich jetzt schon ab? Völlig normal! Benutzt bitte folgende Formulierung, wenn ihr darüber nachdenkt:

- Ich entscheide mich dafür, morgen früh 10 Minuten früher aufzustehen.
- Ich entscheide mich dafür, heute 10 Liegestütze zu machen.

- Ich entscheide mich dafür, jetzt in die Küche zu gehen und ein Glas warmes Wasser mit Zitrone zu trinken.
- Ich entscheide mich dafür, diese Klamotten wegzuräumen.
- Ich entscheide mich dafür, mein Bett zu machen.
- Ich entscheide mich weniger Zeit mit Menschen zu verbringen, die mir nicht gut tun.

Solltet ihr das "laut" genug denken, besteht eine solide Chance, dass die Taten den Gedanken folgen. Hat es nicht funktioniert, verraten wir euch, was euer System stattdessen tut.

Unser Gewohnheitssystem, von unserem Gehirn aus gesteuert, ist auf Energiesparen ausgelegt. Sollte also unser magischer Satz diesem Gewohnheitssystem zu leise sein, dann zeigt es uns gepflegt einen Mittelfinger und spricht sich selbst nach:

Ätsch-pätsch, die Gewohnheit ist stärker und entscheidet sich dafür, auf keinen Fall früher aufzustehen, weil das schon immer so war.

Was an dieser Stelle hilft?

- Regelmäßigkeit
- Das richtige Maß
- Belohnungsaufschub

Wenn ihr euch entscheidet, aufzugeben und vor eurer Gewohnheit und dem faulen energie-sparenden Hirn zu kapitulieren, dann mögt ihr euch irgendwann selbst nicht mehr. Dann könnt ihr wieder im Kapitel 1 anfangen. Die Pinguine aus Madagascar würden darum jetzt sagen: *Don't give me excuses, give me results.* Wir sagen: Entscheidet euch! Wer sich hier nicht entscheidet, wird nicht weiterkommen.

Zwei super einfache Übungen, die Kraft der eigenen Entscheidung zu testen:

Das Bett

Bevor ihr euch an Themen wagt, die euch wirklich, wirklich wichtig sind, prüft die Kraft eurer Entscheidung. Die erste Aufgabe lautet: macht euer Bett. Jeden Tag. (Ist diese Routine bereits Teil eures Morgens, dann schreitet zum Beispiel zwei.) Für all die anderen Leser unter uns folgt hier eine kleine Erklärung, was das täglich gemachte Bett mit der Zufriedenheit im Leben zu tun hat.

Wenn ihr morgens das Bett macht, dann

- habt ihr bereits die erste Aufgabe des Tages absolviert
- dürft ihr euch ein wenig stolz fühlen und euch Mut nehmen, die nächste Aufgabe anzugehen
- so ergibt das Erledigen dieser Aufgabe – das Bett zu machen – den Startpunkt für viele weitere erledigte Aufgaben
- das Bett zu machen erinnert euch daran, dass kleine Dinge im Leben wichtig sind. Wenn wir nicht in der Lage sind, kleine Dinge – regelmäßig – zu erledigen, wird das auch mit den großen Dingen nicht passieren
- solltet ihr einen schlechten Tag gehabt haben, so findet ihr abends das – von euch – gemachte Bett vor, und das ermutigt uns und gibt uns Hoffnung, dass der morgige Tag besser werden kann.

Der Sinn ist: Wir üben an dem Bett unsere Selbstwirksamkeit. Der Psychologe und Verhaltenstherapeut Jens Corssen hat noch eine andere Übung – für die Fortgeschritteneren, und diese Übung lehrt uns, Dinge einfach zu erledigen, auch wenn sie keinen praktischen Sinn ergeben:

Der Stuhl (oder die Treppe)

Nicht ganz so pragmatisch, darum eher für die von euch, die sich selbst gern überlisten, ist das zweite Beispiel. Um sich selbst zu prüfen und das eigene Selbstbewusstsein auf Temperatur zu bringen, tut bitte jeden Morgen etwas, was euch zeigt, dass ihr da seid. Stellt auch auf einen Stuhl und ruft:

Ich bin toll!

Lauft einmal um den Tisch oder eine Treppe hoch und runter. Auch hier macht ihr das mit der gleichen Begründung wie beim Bett: Es geht darum, eine Aufgabe gleich nach dem Aufstehen zu absolvieren, egal wie sinnlos euch diese erscheint.

Und bitte denkt daran: Ihr entscheidet euch jeden Tag aufs Neue, und am Ende seid ihr die Summe all dieser Entscheidungen. Gruselig und wundervoll zugleich, wir wissen das, weil wir das auch sind. Jedenfalls:

Entscheidet euch!

Sagten wir das bereits?

***

AUFGABE 3.2

Stellt euch vor einen Spiegel und schaut euch euer Gesicht und eure Gestalt genau an. Hört euren eigenen Gedanken genau zu und trefft eine Entscheidung. Bitte wirklich nur eine – und kleine.

//

3.3 LANGSAM IST DAS NEUE SCHNELL

Hier lernen wir den Umgang mit Widerständen: Wenn wir langsam gehen, kommen wir weiter und vor allem dahin, wo wir selbst hinwollen und nicht die anderen. Alles im Leben hat eine Geschwindigkeit und ich kann sie drosseln, um mich selbst nicht zu überfordern.

* * *

Von dem Geld, das wir nicht haben, kaufen wir Dinge, die wir nicht brauchen, um Leuten zu imponieren, die wir nicht mögen.

– Aus dem Film „Fight Club“

Wir schreiben das Jahr 2021, und wir werden stärker und mit mehr Nachdruck beeinflusst denn je. Informationen aller Art umgeben uns zu jeder Zeit. Es ist gar unmöglich, die Fülle von Informationen zu ordnen, auszuwerten und damit in Echtzeit umzugehen. Medienkompetenzen sind gefragter als jemals zuvor. Neue Tools und technische Möglichkeiten kommen täglich dazu, viele Menschen sind damit überlastet, kommen nicht hinterher. Was früher ein Brief war, ist heute nicht mal mehr eine Email, in vielen Fällen sind wir bereits längst zu einem Instant Chat gewechselt. Was früher ein Postpaket war, ist heute eine Same Day Delivery. Was früher eine 45-minütige Dokumentation war, ist heute eine Story oder ein Reel, und die Stories verschwinden auch noch nach 24 Stunden. Egal wohin wir blicken, Ereignisse und Meldungen kommen minütlich dazu, und die Gefahr in Information-Bubbles gefangen zu sein, ist groß. Je nachdem, ob bzw. wie ich mich im Internet bewege oder soziale Medien konsumiere, werde ich beeinflusst. Und sogar wenn ich selbst abstinent bin, meine Zugehörigkeit zu sozialen Gruppen assimiliert mich, sei es auf der Arbeit, im Sportverein, im Fitnesscenter oder meinem Freundeskreis, denn es gibt kaum einen Kreis, der nichts konsumiert und postet.

Zu viel ist nie genug

Aber es sind ja nicht nur Informationen, die auf mich einwirken in Form von Nachrichten. Nein, es sind Lifestyles, Ratgeber, Trainingspläne, Finanzratgeber, Sex- und Gesundheitstipps, Schönheitsideale, Berufs- und Businesspläne. Es sind Berichte und Videos über Achtsamkeit, Autos, Konsum- und Luxusgüter, und alle sagen uns, was wir haben oder tun sollen, um mitzuhalten. Uns werden Ziele suggeriert. Wir entwickeln Wünsche, dieses oder jenes heute noch zu erwerben oder dieses Jahr noch zu erreichen. Als Konsumenten partizipieren wir an dem System. Limitiert werden wir durch die Mittel, die wir zur Verfügung haben. Und sollten wir sie nicht zur Verfügung haben, geht heute alles auf pump. Und weil heute alles auf pump geht, können wir heute und sofort an einem Lifestyle partizipieren, der nicht ansatzweise zu unserem heutigen Einkommen passt. Uns wird suggeriert, dass das ok sei, weil das alle so machen. Denn die schicken Influencer können sich das ja auch alles leisten. Schein und Wirklichkeit sind für viele Menschen, vor allem, aber nicht nur, junge Menschen nicht mehr auseinander zu halten. Zumal es viele Beispiele gibt, die über diesen virtuellen Markt auch noch Geld verdienen, zum Teil richtig viel, zum Teil halt auch wieder nur virtuell – der große Teil aber halt nicht, nur so ehrlich sind die Herrschaften dann auch wieder nicht.

Was wollen wir damit skizzieren? Ganz einfach eine Scheinwelt, in der suggerierte Ziele heute höchstwahrscheinlich nicht eure Ziele sind.

Zu schnell ist zu langsam

Es ist wichtig zu erkennen, dass alles Leben seine Geschwindigkeit hat, also auch ihr. Egal, wozu ihr euch entschließt, um euer Leben in den Griff zu bekommen, was auch immer ihr ändern wollt: Setzt euch erreichbare Ziele, fangt in eurem Tempo an und steigert euch mit Erkenntnis und Erfahrungszuwachs.

Ihr werdet womöglich über Ziele stolpern, die nicht eure sind. Intrinsische Motivation wird aber stets externe Karotte übertrumpfen. Um es simpel auszudrücken: Habt ihr Bock auf etwas, dann könnt ihr scheinbar Unmögliches erreichen. – Nadja hat bei dem Gespräch zu diesem Kapitel von einem Bekannten erzählt, dem es monatelang nicht gelingen wollte, ein Sixpack aufzubauen, obwohl er einfach alles dafür getan hat, was im Lehrbuch steht: Ernährung umgestellt, fünfmal die Woche trainiert etc. In einem längeren Gespräch hat sich herausgestellt, dass er Menschen, die ein Sixpack haben (und zu Schau tragen – also stolz auf das Erreichen dieses Ziels sind), eigentlich total doof findet. Damit waren die eigenen Gedanken und die eigene intrinsische Motivation stärker als Eiweiß-Shakes und professioneller Personal Trainer zusammen, und das quasi Ziel von der Titelseite eines Image Magazins für erfolgreiche Menschen blieb unerreicht. Das grenzt schon fast an Realsatire oder, findet ihr nicht?

Groß träumen – klein umsetzen

Natürlich dürfen wir alle groß träumen. Doch was passiert, wenn wir uns unrealistische, blauäugige Ziele vornehmen? Wir übernehmen uns! Und plötzlich reichen unsere Ressourcen bis zum Ziel nicht mehr. Die Folge: Wir sind frustriert. Hinzu kommt, dass andere sich über uns lustig machen und vielleicht noch sowas Hässliches sagen wie "Hab' ich doch gleich gesagt, das wird nichts".

Was ist also der bessere Weg zu unserem großen Traum? Mal wieder der Nordstern (vergleiche Kapitel 2.4) als Alternative zu einem unerreichbaren Ziel. Teil-Streckenziele oder einzelne Puzzleteile, die uns in Summe in die richtige Richtung bewegen. Permanente Überprüfung unserer emotionalen Lage (gefällt es uns immer noch, uns in diese Richtung zu bewegen? Geht es uns schnell genug oder ist es zu schnell?). Wiederholung einzelner Schritte (wie beim Militär), damit man sie richtig gut beherrscht.

Wie langsam ist richtig?

Jedes Auto hat einen Tacho, damit wir wissen, wie schnell wir uns bewegen. Im Leben sind jedoch teilweise andere Bezugspunkte wichtig, nämlich die Dauer von Zeit. Wir überschätzen, was wir an einem Tag schaffen können (die berühmte Todo-Liste, wo am Ende oft etwas übrig bleibt), aber unterschätzen, was wir in drei oder vier Jahren schaffen können. Wir überfordern uns beim Sprint und haben damit oft nicht die Ressourcen für einen Marathon. Denn wir können – auf lange Sicht – nur dann mehr schaffen als wir denken, wenn wir bereit sind, auf der gesamten Distanz (drei bis fünf Jahre können sich ganz schön lang anfühlen) fokussiert an einem Thema dran zu bleiben – ohne uns ablenken zu lassen. Ihr wisst schon, die *Suppe des Lebens* und so.

Das Leben ist ein reiner Rhythmus

Findet einen zu euch und euren Wünschen passenden Rhythmus, in dem ihr Entscheidungen, Umsetzungsphasen, Reflexionen (Anhalten), Erkenntnisse und wieder Entscheidungen eintaktet werden sollten. Was ihr hier übrigens erkennt: Auch Pausen gehören zum Rhythmus. –

Bäm!

Habt ihr das gesehen? Das Buch ist ja eigentlich ein Kreis, auch wenn es vier Ecken hat! Aber dazu kommen wir später noch.

Der Rhythmus, der besteht – wie jedes Musikstück – aus den Teilsequenzen, und diese sind der berühmte stete Tropfen, der den Stein höhlt. Unsere Lieblingsbeispiele sind die Wochenpläne, in die wir ein paar Besuche im Fitness-Studio einplanen. Oder ein paar Stunden für das Erlernen einer Sprache. Weniger und kürzere Einheiten sind hier deswegen ratsam, weil euer System sich dann sanfter mit dem neuen auseinandersetzen kann und die bisherigen Gewohnheiten nicht sofort über Bord gekippt werden (wie sich das anfühlt, dazu gibt es eine Übung in Kapitel 3.4.1).

Langsam ist das neue schnell. Nur so könnt ihr euch die Dinge wirklich bewusst machen und achtsam wahrnehmen. Außerdem könnt ihr über langsame Anpassung eurer Gewohnheiten nach und nach einen zu euren Leben passenden Rhythmus und eure Geschwindigkeit finden. Und wiederholt immer wieder: Erst anhalten und erkennen, dann entscheiden und umsetzen, dann mit dem Wissen aus diesem Zyklus wieder anhalten – so wie das ganze Buch hier aufgebaut ist.

Hier die einzelnen Stationen mit dem Aspekt der Geschwindigkeit betrachtet.

Das Anhalten und das Erkennen

Wenn ihr die ganze Zeit Aktionismus betreibt, bleibt euch in der Geschwindigkeit keine Möglichkeit zum Reflektieren und (neu) entscheiden. Zudem besteht eine ernste Gefahr des Ausbrennens. Dass ihr vielleicht auch noch in eine ganz unpassende Richtung lauft, das steht noch auf einem ganz anderen Blatt.

Das Entscheiden

Entscheidet euch für das achtsame Fließen, für den Flow und die Leichtigkeit des Prozesses. Sehr gutes Beispiel an dieser Stelle ist Yoga: Dort geht es nicht darum, die einzelnen Positionen möglichst schnell hintereinander abzuarbeiten. Auch in einem neuen Job wird die Umgewöhnung bei euch und bei den anderen Kollegen ihre Zeit brauchen. Ihr kennt ja den Spruch, dass das Gras nicht schneller wächst, wenn wir dran ziehen.

Entscheidet euch auch dafür, eure Ressourcen und Kräfte zu nutzen und euch damit ausreichend Raum und Zeit im Prozess zu geben, in dem ihr erste Erkenntnisse sammelt (was gelingt mir? was klappt noch nicht so gut?). Damit erreicht ihr schrittweise Annäherung an euch selbst: Ich kann das! Ich bin das!

Das Handeln

Weniger Gas zu geben ist sowohl für unsere Ressourcen als auch für unsere Erkenntnisse in dem Veränderungsprozess sehr gesund. Wählt bitte die Geschwindigkeit, die zu eurem aktuellen Belastungslevel passt. Wenn ihr mehr Sport machen sollt, aber ihr habt keine Kondition, dann fangt doch erstmal mit regelmäßigen Spazieren an. Wenn ihr das in eure Routine habt einfließen lassen (was auch dauert), dann habt ihr einen Zwischenerfolg, auf dessen Basis ihr dann den nächsten Schritt gehen könnt. Wenn wir unsere individuellen (!) Belastungsgrenzen weder kennen noch einhalten, dann werden wir immer wieder enttäuscht und unser Selbstbewusstsein bleibt klein.

Erneut Reflektieren

Wenn ihr groß denken wollt, dann lest einen Roman. Wenn ihr große Ziele erreichen wollt, dann lest ebenfalls Romane, aber bloß nicht die Bücher der ganzen Gurus, die euch das das große Glück versprechen. Wir halten von der ganzen Industrie wenig bis gar nichts: 5-Minuten-Tagebücher, Erfolgscoaches und Co.: In erster Linie zahlt das nicht auf euer Konto, sondern auf ihres.

* * *

AUFGABE 3.3

Findet eine Sache, die ihr JETZT SOFORT und ohne aufzustehen für euer Wunschleben tun könnt. Entscheidet euch und tut es dann bitte auch!

//

3.4 FÜRS DURCHHALTEN ENTSCHEIDEN UND WACHSEN

Ihr könnt euch jeden Tag entscheiden, euer Leben zu gestalten. Allein, weil ihr dieses Buch gekauft habt, seid ihr so privilegiert, es zu tun. Nach einer Entscheidung spielen Regeln und Routinen eine wichtige Rolle. – Das ist der Moment, wo viele am liebsten wegrennen. Aber wenn diese Regeln im passenden individuellen Mini-Maß sind, sind sie einfach fabelhaft, ganz besonders wenn ihr eher für das kreative Chaos seid. Wir erinnern euch gern an die große Wirksamkeit kleiner Schritte aus Kapitel 3.2 – nun heißt es, sie konsequent zu gehen. Das gelingt uns, wenn es weiterhin kleine Schritte bleiben.

***

Die Menschen gehen lieber zugrunde, als dass sie ihre Gewohnheiten ändern.

— Leo Tolstoi

Durchhalten ist eine Entscheidung. Dieser Satz verursacht so vielen Menschen den puren Schmerz. Uns auch übrigens. Wir denken: Ich würde ja gern durchhalten, aber... Und dann folgt die lange Liste der Ausreden – die Anderen, das Außen und die *Suppe des Lebens*. Die Smarten unter uns denken: Nicht alle sind so privilegiert, wirklich etwas zu verändern. Das stimmt auch. Aber prüft mal ehrlich und genau, ob ihr es nicht seid. Denkt immer an Nadjas Story: Ihr ist es gelungen, hinter den eisernen Vorhang zu kommen, weil sie Psychologie in der Sprache Freuds studieren wollte. Sie weiß: Der Impuls, anderen die Schuld zu geben oder die Ausreden im Außen zu suchen ist total menschlich. Und daher verurteilen wir das in diesem Buch auch nicht. Dennoch sagen wir, dass ihr jederzeit die Möglichkeit habt, euer Leben zu ändern, wenn ihr nicht in ernsthafter Unterdrückung lebt.

Aber wie durchhalten?

Eine Anekdote am Rande: Gebt ihr „Techniken zum Durchhalten" in ein Suchmaschinen-Fenster ein, so werden euch sehr viele Tipps für das Durchhalten im Bett angeboten. Da sehen wir mal wieder, dass alles im Leben mit einer passenden Motivation in die Richtung unserer Wünsche bewegt werden kann. Und kaum zu glauben, dass wir bisher noch gar nicht über Sex gesprochen haben. Damit ist jetzt aber auch schon Schluss.

Zurück zur Lebensgestaltung und dem Durchhalten als Entscheidung. Auch für Situationen außerhalb des Liebeslebens gibt es Techniken und Überlegungen, wie wir uns selbst bei der Stange halten können; wir vermitteln sie euch hier immer parallel in den kleinen Aufgaben am Ende der Kapitel. Das sind Übungen, bei denen vor allem Nadja wertvollen Input bei der Entstehung des Buches geliefert hat, denn so schmerzhaft wie Veränderung ist: Wir müssen einfach immer und immer wieder durch den Schmerz, um zu wachsen. Kapitel 2 hat uns gelehrt: Wir dürfen durch den Schmerz; denn er ist immer eine Ressource für das nächste Level. Und wenn wir diese Ressource annehmen, dann leben wir nicht *am Leben vorbei.*

Sehenden Auges in den Schmerz

Es ist ungemein hilfreich, sehenden Auges in den Schmerz zu gehen. Wenn ich angehalten habe, dort erkannt habe, dass ich mich scheiden lassen will, dann mir meine Ressourcen, Privilegien und Co. klar gemacht habe, dann liegt es auf der Hand, dass es jetzt echt richtig unbequem wird. Was sollen nur die Nachbarn denken? Wie sage ich es meinen Eltern?

Wer bekommt die Kinder? Aber auch hier sind wir wieder selbst unser eigener Feind (vgl. das "Markus-Kapitel" 1.4).

Wenn ich Onkel Peter sage, ich bin schwul, was soll er machen? Mich anzünden?

– Markus

(Kurzer Einschub: Markus ist mit Sicherheit der krasseste unter uns Autoren. Wir mussten ihn immer wieder etwas einfangen, aber ehrlich gesagt: Seine Sprüche und Fragen geben einfach sehr oft genau den richtigen Schub. Die von Nadja und Julien aber auch. Das macht das Buch übrigens so besonders: Die verschiedenen Perspektiven. Wird bei Social Media nicht so viel von Diversität gequatscht? Bitteschön, das ist sie.)

Jedenfalls: Das Wissen oder vielmehr das Befürchten, dass etwas unbequem wird, hält uns auf. Denn wir haben Angst vor dem erwarteten Schmerz: Wer geht schon gern zum Zahnarzt? Trotzdem müssen wir gehen: Manchmal ist es nur die Kontrolle, manchmal eine Zahnreinigung, die wir selbst und freiwillig bezahlt haben, manchmal wird es aber eine Wurzelbehandlung. Dieses Buch ist definitiv eher Kategorie Wurzelbehandlung, auch wenn ihr es freiwillig gekauft habt. Vielleicht wusstet ihr das nicht zum Zeitpunkt des Kaufs, aber voilà, hier sind wir als eure Zahnärzte, die euch hinterher gesagt haben werden: Ab jetzt aber regelmäßig reinigen, auch die Zahnzwischenräume! (Kapitel 5)

Auf die Seele übertragen: Sie kann auch Karies bekommen, die Schmerzen spüren wir aber woanders (Kapitel 3.2). Und das eigentliche Problem ist: Für die haben wir keinen Zahnarzt. Die Therapeuten können nicht in uns hineinsehen, auch ihnen können wir etwas verschweigen. Das heisst, es gibt keine schnelle Hilfe für den seelischen Zahnschmerz, und nur wir selbst sind in der Lage uns da zu helfen. Die Wurzelbehandlung müssen wir selbst durchführen. Das ist einer der bitteren Erkenntnisse, die wir euch angekündigt hatten.

Und da sind wir auch schon bei dem zweiten Problem: Wir nehmen die Schmerzen nicht ernst, die wir immer und immer wieder spüren; oder wir ignorieren sie, manchmal bewusst, manchmal unbewusst. Umso wichtiger ist es, sehenden Auges durchs Leben zu gehen. Schaut alles an, auch eure Angst. Und so funktioniert Durchhalten: Immer und immer wieder hinsehen. Lieber im Kleinen scheitern (heute mal keine Liegestütze gemacht, ok), als im Großen und das Fitness-Studio-Abo umsonst abgeschlossen.

Durchhalten ist einfacher als aufgeben

Eins ist klar: Wir entscheiden uns gegen das Jammern. Gegen das: "Die anderen sind schuld." Egal, ob Vater, Mutter, Lehrer von früher: Alle Menschen, die euch irgendwann mal (Gedanken-) Gift gespritzt haben, sind egal. Jetzt ist der Moment, den wir gestalten können, jetzt ist der Moment, in dem wir entscheiden können. Auch das Durchhalten entscheiden wir. Täglich. Und diese Weggabelung kommt immer und immer wieder, selbst, wenn ihr eure Entscheidung schon längst getroffen habt. Der Prozess des Buches ist ein großer Prozess, der sich in seinen Einzelstationen immer und immer wiederholt. Übrigens: Wiederholen wir uns auch immer und immer wieder? Ja! Denn Wiederholung ist die Mutter aller Wissenschaft!

Hilfreiche Gedanken

Wir geben es zu: Anhalten und Erkennen ist schon besonders, weswegen wir dem auch ausführliche zwei Kapitel gewidmet haben und weswegen, seien wir ehrlich, die ganze Achtsamkeits-Industrie auch entstanden ist, die persönliche Verbesserungs-Maschinerie, die euch permanent sagt, dass ihr nicht gut genug seid und optimiert werden müsst, wenn ihr nicht jeden Morgen das Achtsamkeitstagebuch ausfüllt oder wenn ihr noch keine eigenen Tomaten auf eurem Balkon zieht (vgl. auch Kapitel 2.1). Reflektieren ist nicht selbstverständlich, passiert nicht von allein. ABER. Und das ist eine weitere bittere Erkenntnis: Entscheiden tun wir immer, auch wenn wir es nicht tun. Somit handeln wir auch immer, auch wenn wir nicht handeln. Sonst stünde "unterlassene Hilfeleistung" nicht im Strafregister. Wir entscheiden und handeln einfach immer.

Die Zeit läuft weiter und immer, wenn wir uns nicht entschieden haben, sind wir aber dennoch in der Zeit weitergegangen. Wir können sie nicht anhalten, so sehr, wie wir uns das alle wünschen.

Das heißt: Es gibt sowieso keine Alternative zum Entscheiden, also sollten wir Dinge so entscheiden, wie sie uns gut tun. Eben nicht *am Leben vorbei.*

Übrigens: Wir werden permanent bewertet. Von Onkel Peter. Von unseren Nachbarn. Von unseren Freunden und unseren Feinden. Egal, welcher Wochentag heute ist und wie lange wir schon durchhalten, wir werden angeschaut und bewertet. Neben dem eigentlichen Projekt haben wir also eine zusätzliche Baustelle: Das Aushalten dieser permanenten Bewertung. Je klarer wir bei uns selbst bleiben, desto leichter wird uns das Durchhalten gelingen.

Und wenn wir das begriffen haben, dann sind wir schon wieder einen Schritt weiter.

Das Leben ist ein Marathon

Markus bildet weltweit Spezialeinheiten des Militärs und der Polizei aus. Dies lässt ihn immer wieder mit ganz besonderen Menschen und deren hohen Anforderungen an ihre Ausbildung Erfahrungen sammeln. Wenn es um das „Durchhalten" geht, lohnt es sich einen Blick auf diese Menschen zu werfen, welche übermenschliches Leisten.

Durch und halten, beide Worte stehen für Anstrengung, Qualen, Abstinenz oder Restriktionen. Dabei haben wir alle Momente, in welchen wir bewusst durchhalten und andere, in denen wir lieber aufgeben, den schnellen und bequemen Weg suchen. Jeden Morgen stehen wir auf und erledigen die Aufgaben des Tages. Und wenn wir uns entschließen, etwas Neues zu wagen – das kann eine Weiterbildung sein, der Entschluss Sport zu treiben, eine Sprache zu lernen oder schlichtweg die Ernährung bewusster zu gestalten – dann steht das Durchhalten mit auf der Agenda.

Wer abnehmen will, der soll doch nur etwas Sport machen, weniger essen und schon ist die Sache erledigt. Das Internet ist voll mit kostenlosen und easy-to-follow-Ratgebern rund um Fitness, Lifestyle, Gesundheit, Nahrungsergänzung, Pulver, Kapseln, Säfte, Zusätze und dergleichen. Das menschliche Bedürfnis nach Attraktivität, Zugehörigkeit und Gesundheit definiert Trends, kreiert Millionäre und lässt Berufszweige entstehen. Das liegt nicht daran, dass Gesundheit, Abnehmen oder Sport zu treiben so leicht ist, sondern es liegt an unserer Natur aufzugeben, bequem zu sein und nicht durchzuhalten. Diese Produkte und Angebote sind also nur deswegen da, weil wir uns im Durchhalten schwer tun.

Wenn das so einfach wäre, die Entscheidung bestehen zu lassen, uns immer wieder daran zu erinnern, und den Fokus nicht zu verlieren, wo wären wir dann als Gesellschaft?

Für einen Soldaten, gerade für einen Offizier, ist das Durchhalten von besonderer Bedeutung, denn er ist Führungsfigur, soll mit gutem Beispiel vorangehen – vor allem und besonders dann, wenn es nicht angenehm ist. Wenn Müdigkeit, Stress, Essensentzug, permanente geistige und körperliche Anspannung zusammenkommen: Gerade in solchen Momenten gilt es, durchzuhalten, einen kühlen Kopf zu bewahren und das Jammern abzustellen, denn man trägt die Verantwortung für die Kameraden um sich herum. Es ist der Moment, in welchem die eigenen Bedürfnisse ganz hinten anstehen, man sich für die anderen hingibt und so die Truppe zusammenhält, um das gemeinsame Ziel zu erreichen.

Deswegen gilt der Offiziersausbildung ein besonderes Augenmerk in der Bundeswehr, welches sich im Einzelkämpferlehrgang widerspiegelt. Hier wird der junge Offiziersanwärter auf Herz und Nieren geprüft und bis an die Belastungsgrenze gefordert, tagelang ohne Schlaf und Essen, immer im Eilmarsch und unter dem Übungsszenario der Jagd auf ihn, darf er sich als Führer einer Gruppe beweisen – und durchhalten. Als Ergebnis gibt es im Erfolgsfall eine Mischung aus Demut und Willensstärke. Nicht umsonst heißt das Leitmotiv des Einzelkämpfers „Ich will!“.

Aber nicht alle von uns sind Soldaten, nicht alle von uns müssen in solch' extremen Situationen bestehen, Menschen durch Leben und Tod führen, im Gefecht oder auf Missionen außerhalb des eigenen Landes. Die meisten Menschen wollen einfach nur etwas in ihrem Leben ändern und diese Änderung konstant durchhalten. Übersetzen wir die Erfahrung, welche wir beim Militär machen durften auf das zivile Leben, so entpuppen sich erstaunliche Parallelen, lediglich mit einem signifikanten Unterschied: Wir müssen in den meisten Fällen nur uns selbst führen. Und so bekommt das Wort

„Selbstführung“ einen Ehrenplatz auf der Liste der Werkzeuge für das Wunschleben.

Wie halte ich es jetzt durch, mit dem Rauchen aufzuhören oder die ungeliebten Pfunde zu verlieren? Das Stichwort ist die klare, genau definierte und für uns greifbare Vision, im militärischen „der Auftrag“. Wenn wir etwas erreichen wollen, dann langt es leider nicht, mit dem Sektglas an Silvester anzustoßen, den Vorsatz auszusprechen, an die Lieferung durch das Universum zu vertrauen und im Anschluss in die ewigen Routinen zu verfallen. WIR müssen (und an dieser Stelle müssen wir wirklich!) etwas ändern, sonst nützt der beste Vorsatz nichts. Und hier scheitern die meisten leider, schon beim ersten Schritt. Die Änderung soll konstant sein, in kleinen Schritten, aber stetig. Durchhalten heißt, unsere Wünsche durch das Dickicht der Ausreden und den Sturm der Neider zu halten, zu tragen, zu hegen. Gleich einem Wanderer, welcher einen langen Weg vor sich hat, der langsam aber bedächtig seinen Pfad abschreitet, wohl wissend, dass er mit jedem weiteren Schritt seinem Ziel näher kommt. Nur dass unser Weg zum Ziel oft viel unbequemer ist als ein Wanderpfad.

Bürdet euch nicht zu viel auf, geht langsam und in kleinen Schritten, dann werdet ihr ans Ziel kommen. Kennt euren Nordstern und fokussiert euch.

Setzt ihr beides zusammen, die Richtung und den steten Schritt, dann hält euch nichts mehr davon ab, durchzuhalten.

//

* * *

AUFGABE 3.4

Bitte faltet eure Hände. Schaut kurz nach, welcher Daumen oben liegt. Nun nehmt die Finger auseinander und faltet die Hände nun andersrum. Wie fühlt sich das an?

Wechselt nun ein paar Mal zwischen den beiden (gewohnten und ungewohnten) Art, eure Hände zu falten. Fällt euch das leicht? Was würde passieren, wenn ihr die neue Art regelmäßig üben würdet? Könnte das die neue Gewohnheit werden?

//

EXKURS: EINE GLASKUGEL FÜR FORTGESCHRITTENE

Manchmal fallen uns Entscheidungen schwer, weil wir nicht wissen, was in der Zukunft passiert. Die Unfähigkeit unseres Gehirns, in die Zukunft zu denken, können wir jedoch mit ein paar Kniffen kompensieren.

***

Glück ist das Zusammentreffen von Fantasie und Wirklichkeit.

– Leo Tolstoi

Unsere Schwierigkeit, in die Zukunft zu denken, basiert auf dem Fakt, dass unser Gehirn nur Fakten verarbeiten kann, die es schon hat. Das ist mal wieder eine Erklärung, warum es uns viel leichter fällt, irgendwessen Ziele zu übernehmen und für unsere zu erklären, als unsere eigenen Ideen zu finden. Wenn wir also unser eigenes Leben gestalten, ohne dabei irgendwessen Leben zu kopieren, dann stolpern wir früher oder später in genau diese Falle eines kopierten Lebens.

Das ist auch ganz menschlich, denn Zukunft hat uns schon immer viele Rätsel aufgegeben. Und so ist die Kristallkugel, die verborgene Weisheit zum Vorschein bringen soll, auch heute noch eine Wunschvorstellung. Wir können es nicht aushalten, dass wir etwas noch nicht sehen, nicht erkennen können. Und so geben Wahrsager Menschen das Gefühl, die eigene Zukunft zu kennen – aber wie gehen sie vor? Sie erfragen geschickt ein paar Infos und dann tritt der berühmte Mechanismus der selbsterfüllenden Prophezeiung in Kraft und aus einigen vagen Sätzen entstehen tatsächliche Schicksale.

Wir könnten annehmen, in der heutigen Zeit ist das Vorhersagen der Zukunft möglich, denn noch nie hatten wir so viele Fakten und so schlaue technische Helfer, diese Daten auszuwerten. Doch wie so oft ist das alles ein Trugschluss. Denn zu viele Daten zu haben hilft uns nicht, die Zukunft mit Sicherheit vorherzusagen. In nur wenigen Fällen hilft uns die schier unendliche Menge an Informationen, eine klare Entscheidung zu treffen. Schuld daran ist die Mehrdeutigkeit der Daten. Und das ist ein sehr großes Thema, welches wir an dieser Stelle platzieren wollen.

Wir wollen euch helfen, in eine moderne, ziemlich zuverlässige Glaskugel für eure Entscheidungen hineinzuschauen – und das geht in folgenden Schritten:

1: Die Grundlagen

- Setzt euch mit dem Begriff der Zukunft auseinander, so wie ihr sie versteht. Gibt es eine? Was sind eure Glaubenssätze: Gibt es ein Leben nach dem Tod? Soll man in eurem Verständnis alles machen dürfen? Ist es egoistisch, was ihr hier gerade tut?

- Seid ihr optimistisch der Zukunft gegenüber? Spürt ihr Energie, euer Leben selbst auf diese Zukunft hin zu gestalten?

- Kennt ihr euren Nordstern? Was leitet euch im Leben an? Was sind eure Antworten auf die Frage, wer ihr seid und wo ihr hin wollt? Schlägt euer Herz höher, wenn ihr diese Antworten vor eurem inneren Auge aufruft? (Falls nein, empfehlen wir noch eine Runde durch Kapitel 1 und 2).

Nehmen wir an, ihr habt nun diese Antworten zu den Grundlagen eurer Kristallkugel zusammengetragen. Dann habt ihr euch in dem Moment bereits in die Richtung eures Nordsterns ausgerichtet. Egal wer, wo und warum ihr euch fragt, wer ihr seid, ihr rezitiert begeistert eure Antworten, strahlt dabei und feiert dabei ... richtig, euch!

Denn das ist der Moment, in dem ihr euch selbst angenommen habt, wie ihr seid, mit allen Pickeln und Schrammen, egal ob ihr Fisch seid oder Affe. Das ist der Moment, in dem ihr euch für Selbstliebe entschieden habt, und dieser Moment ist sehr wichtig für den zweiten Schritt:

2: Die Grundstruktur

Wie das Gerüst an einem Gebäude, wie das Skelett eines Affen oder die Gräten eines Fisches: Eure Ausstrahlung ist das Material, aus dem eure Glaskugel beschaffen ist, sodass alle Ecken und Stockwerke eures Seins zu erkennen sind. Bedeutet im Alltag, dass es unerheblich ist, ob ihr gerade einkaufen geht oder auf der Bühne vor 500 Leuten steht – ihr strahlt aus, wer ihr und warum ihr hier seid.

Erinnert ihr euch an die Freundin von Nadja, die Opernsängerin werden wollte? Obwohl wir alle wussten, dass sie keine Soloauftritte hat und in der Oper ausschließlich in dem Chor singt, kleidete sie sich zu allen Gelegenheiten stets wie eine wahre Operndiva. Ausgefallene Kleider, passender Schmuck, wundervolle Frisuren. Diese Haltung ihrem Nordstern gegenüber hat ihr die Tür eröffnet, als Kostümdesigner arbeiten zu können und bis ins hohe Alter jeden Tag in die geliebte Oper kommen zu können.

Ihr wollt Geschäftsführer werden? Warum geht ihr dann in Jogginghose spazieren? Ihr wollt eine Traumfrau, die intelligent und humorvoll ist? Warum sitzt ihr dann in einer zugemüllten Wohnung vor der Glotze? Eine mögliche Grundstruktur in diesem Fall ist es, die Wohnung aufzuräumen. Eine andere Grundstruktur ist es, sich rauszuputzen und an Orte zu begeben, wo intelligente humorvolle Frauen gern sind.

Das Gerüst der modernen Glaskugel ist die Authentizität. Alles, was ihr denkt, sagt und tut, soll übereinstimmend sein und sich in die Richtung des Nordsterns ausrichten. Das nennen wir: Verantwortung übernehmen. Tut es das nicht, sind wir wieder bei der Selbstsabotage und *am Leben vorbei.*

3: Sehen und Erkennen

Werden wir jetzt ganz konkret. Ihr habt es: Das, worum es geht. Ihr könnt es benennen, trotz der Unfähigkeit unseres Gehirns, nach vorne zu denken. Nun gilt es, diese Zukunftsidee aufzuschreiben oder in einer anderen Form zu visualisieren.

Für die Visualisierung werden oft sogenannte Vision Boards erstellt. Dort benutzt ihr hauptsächlich Bilder, die euch emotional daran erinnern, wie ihr euch fühlen werdet, wenn ihr an eurem Ziel angekommen seid. Frei, zufrieden, gelassen, glücklich – für all' diese Wörter gibt es unzählig viele Bilder, diese sind sehr individuell. Darum achtet darauf, aus welchen Magazinen ihr die Bilder ausschneidet – nicht, dass euch ein Verlag mit seiner konkreten Bilderwelt von eurem Weg abbringt!

Wem das Visualisieren zu aufwendig erscheint, tut sich selbst einen Gefallen und schreibt das Ziel oder die Idee der Zukunft trotzdem auf Papier; zur Begründung, warum ihr das tun sollt, wird oft eine Harvard-Langzeitstudie zitiert. Dort wurden Studenten untersucht:

- 83% der Studienabgänger hatten sich keine Ziele für ihre Karriere gesetzt. Das durchschnittliche Einkommen dieser Gruppe wurde als Vergleichsgrundlage herangezogen.

- 14% der Studienabgänger hatten eine klare Zielsetzung für ihre Karriere, die sie aber nicht schriftlich notiert hatten. Ihr durchschnittliches Einkommen lag im Schnitt dreimal so hoch wie das der ersten Gruppe.

- 3% der Studienabgänger hatten nicht nur klare Ziele für ihre Karriere formuliert, sondern diese auch aufgeschrieben. Mit der Folge: Sie verdienten im Schnitt zehnmal so viel wie die Vergleichsgruppe.

Und ja, diese angebliche Harvard-Studie soll ein Fake gewesen sein, darum hat eine Psychologie-Professorin (Dr. Gail Matthews, Dominican University of California) nämlich die Studie in 2007 „nachgemacht“ und dabei empirische Belege für die Wirksamkeit der Ziel-Aufschreibung geliefert.

Schreibt also auf, was die Glaskugel euch als Bild geliefert hat und seid im Vertrauen, dass die Zukunft nun ein Stück entschiedener ist.

Wir wollen euch nicht vom euphorischen Loslaufen abhalten, um eure neue Kristallkugel in Aktion zu erleben. Jedoch gibt es noch zwei Warnsignale mit auf den Weg.

* * *

Warnung 1: Falsche Visualisierung der Ziele

Erstens, was immer ihr euch vornimmt, visualisiert vor dem inneren Auge bitte nicht nur das Endergebnis! Also nicht nur euch auf dem Podest mit der Medaille in Form eures Traumjobs. Bitte visualisiert euch auch auf dem Weg dorthin:

schwitzend, mit dunklen Augenringen wegen wenig Schlaf, verwirrt oder zurückgeworfen von einem kleinen Zwischen-Mißerfolg... Visualisiert euch im Training und unterwegs zum Ziel, und prüft für euch, wie sehr ihr bereit seid, all' diese Strapazen auf euch zu nehmen. Falsche Visualisierung heißt: Nicht nur dem schönen Ergebnis hinterherrennen, sondern auf die teilweise hässlichen Zwischenkämpfe gefasst sein, sonst scheitern wir ganz einfach. Und so wachsen wir lieber durch ein wackeres Bewusstsein.

* * *

Warnung 2: Körper lügt nicht

Erinnert ihr euch an die Finger-Übung aus dem letzten Kapitel 3.2? Bitte bedenkt, dass sich unter Umständen euer ganzer Körper ungewohnt, komisch, fremd anfühlen wird. Seid bitte auf der Hut, was von diesen Gefühlen Selbstsabotage ist – einzig mit dem Versuch, euch zurück in die Komfortzone zu ziehen. Bleibt in der Haltung, euch mit all diesen seltsamen Erlebnissen anzunehmen.

P. S.: Es soll ja Menschen geben, die sich auch dann nicht entscheiden wollen, wenn wir ihnen so eine Glaskugel mit

Wirksamkeitsgarantie hinstellen würden. Wir denken dazu Folgendes: Wer sich selbst nicht entscheidet, gibt die Macht der Entscheidung an andere ab und übernimmt damit auch nicht die Verantwortung für sein Leben. Ihr wisst schon: *am Leben vorbei.*

//

3.5 VOM HEUTE ENTSCHEIDEN MÜSSEN

War das Entscheiden früher einfacher? Wir hatten weniger Ressourcen, aber auch weniger Optionen und weniger Informationen. Oder ist das Entscheiden heute einfacher, weil wir mehr Wissen (Fakten, Daten) zur Verfügung haben und uns immer mehr von Algorithmen helfen lassen?

* * *

Lasst uns wieder eine kleine Zeitreise machen in das Jahr 1750. Wenn wir die wesentlichen Themen des Lebens auflisten:

- Beruf und Einkommen
- Familie und Freunde
- Gesundheit
- Sinn und Kultur

– was erkennen wir? Die Zahl der Entscheidungen war in dieser Zeit stark eingegrenzt. Damals gab es kein großes Federlesen: Menschen wurden in ein Korsett aus Bestimmungen hineingeboren. Die sonntaglichen Kirchenbesuche gaben den Takt vor, das Tageslicht und das Wetter bestimmten die Arbeitszeit und das, was auf den Tisch kommt. Liebesheirat war zu dieser Zeit noch ein Gerücht, weswegen in dieser Zeit so viele wunderbare dramatische Romane entstanden sind.

Und heute? Heute betrachten wir die Zahl der Scheidungen und die Zahl der Singlehaushalte als genauso normal an wie die Möglichkeit, gar nicht zu heiraten und Patchwork-Familien zu gründen. Das gilt heute als moderne Familie. Mag sein, mit dem Fokus auf Entscheidungen möchten wir jedoch (alle Autoren sind geschieden) sagen, dass wir auch hier einzig und allein uns selbst dafür verantwortlich machen dürfen, dass die Beziehungen so enden wie sie das tun. Es ist unsere Entscheidung – unseren Bedürfnissen und Wünschen zum Wohl – eine Beziehung nicht mehr fortzuführen. Diese Entscheidung konnte kaum ein Mensch im Jahr 1750 treffen.

Dem technischen Fortschritt verdanken wir die Möglichkeit, uns in unserem Leben so oft und mit so vielen Menschen verbinden zu können, wie wir wollen – Klicks sind tausend kleine Mini-Entscheidungen und ständig hoffen wir, dass die perfekten Partner nur einen Match entfernt sind. Vor zehn Jahren noch undenkbar, heute völlig normal. Und sagt bitte nicht, ihr habt noch nie so eine App auf dem Telefon gehabt und links und rechts gewischt? Dieses nach links und rechts

Wischen ist übrigens ein sehr schlau übersetzter Entscheidungsmechanismus. Um zu dem nächsten potenziellen Partner zu kommen, soll ich mich erstmal zu dem hier entscheiden. Nadja hat übrigens auf diese Art und Weise ihren jetzigen Partner akquiriert, und die Anekdote wird immer wieder gern in den Freundeskreisen erzählt. Ein Jain akzeptiert die App als Nicht-Entscheidung nicht, was Meister Yoda sehr gefallen würde: „Do or do not, there's no try."

Obwohl... Das vermeintliche Nicht-Entscheiden ist auch vorgesehen: Ich kann ja einfach nur ein Profil anlegen und warten, ob sich jemand für mich entscheidet. Ihr wisst natürlich, dass das auch eine Art Entscheidung ist und nichts anderes als eine Verlagerung der Verantwortung, wenn die Beziehung später dann doch gescheitert sein sollte.

Entscheiden ohne Ende

Ob wir bewusst wischen und entscheiden oder bewusst auf der Lauer liegen, ein Rätsel ist in diesem Partner-Karussell nur mit einer Entscheidung zu lösen. Immer wieder kommen neue Angebote hinzu. Wie sollen wir da wissen, ob wir uns bereits final entscheiden können? Haben wir schon alles bedacht, alle Themen optimal aufeinander abgestimmt, alle Eventualitäten aufgelistet? So wie wir den unendlichen Content in Social Media nicht zu Ende lesen können (auch wenn bei manchen „Buch“ im Namen steht), können wir auch hier nicht das gesamte Angebot auf einen Blick erfassen und müssen uns ... entscheiden.

Und das nicht nur bei der Partnerwahl. Auch beim Einkaufen bleibt kein Stein auf dem anderen: Neue Produkte, mehr Bio, mehr Fair, ohne Plastik, mit weniger Zucker, halal, nur von glücklichen Hühnern oder doch vegan? Wie sollen wir bitte entscheiden, was auf den Tisch kommt? Dürfen wir überhaupt noch im Supermarkt einkaufen? Sind das nicht die Bösen – und müssen wir nicht allesamt in den kleinen Geschäften und direkt beim Bauern unsere Lebensmittel holen? Bitte ohne Umverpackung? Oder sogar selbst züchten? Wie, ihr habt noch keine Tomaten auf dem Balkon? Keine Maschine, die den eigenen Salat direkt in der Küche züchtet? Keine Bienen auf dem Dach? Ihr kauft nicht kiloweise direkt beim Hersteller in Südeuropa und eure Kaffeebohnen sind nicht CO^2-neutral mit einem Segelschiff und einem Lastenfahrrad zu euch gekommen?

Schämt euch! Bestimmt seid ihr auch noch nie in einem Schweige-Retreat gewesen, habt keine Yogamatte und trinkt nicht den Kaffee morgens gleich nach der ausgiebigen Meditation? Ihr tragt noch Lederschuhe? Ihr seid nicht ehrenamtlich engagiert? Ihr lernt in der Freizeit keine neue Sprache?

Macht keine Kochkurse und habt keine Zusatzausbildung als Coach? Seid nicht auf Plattform X und Y der Influencer mit tausenden von Followern? Ihr habt noch keinen eigenen Podcast? Was für ein unmoderner Mensch seid ihr denn?

– Das war ironisch. Sehr stark ironisch, denn ihr habt bestimmt erkannt: Wenn wir auch nur einen Bruchteil der oben aufgelisteten Trends befolgen würden, wären wir zwar sehr gut beschäftigt, aber was bitte davon wäre wirklich unser eigenes Leben? Wir hätten viel erzählen können, doch wie viel davon wäre selbstbestimmt, selbst entschieden?

* * *

Wenn Denken einfach wäre, würden es mehr Leute tun.

– Markus

* * *

Immer derselbe Stolperstein

Wir stolpern immer wieder über diese eine Stelle: Uns zu entscheiden, irgendwo mitzumachen und ein Teil von etwas zu sein ist viel leichter, als eine Entscheidung in einem aufgeräumten Leben zu treffen. Denn in der *Suppe des Lebens* sind wir komplett blind, aber in der aufgeräumten Version ist es nicht gleich einfacher – ein Labyrinth ohne Wände gibt uns sehr viele Möglichkeiten für jegliche Richtungen.

Wie sortieren wir also raus, was wesentlich ist? Um mich herum sind immer Menschen, die eine Meinung haben, doch sind es auch Menschen, die eine Ahnung haben? Wen würden wir wirklich gern um Rat fragen (wohl wissend dass Ratschläge auch Schläge sind)? Wem würden wir vertrauen, uns auf unserem Weg zu unterstützen – anstatt uns zu beeinflussen und zu verwirren?

Kognitive Verzerrungen – ein Warnschild

Sowohl dem Menschen in 1750 als auch uns können folgende vier Denkfehler – wissenschaftlich *cognitive bias* genannt – in Verbindung mit Entscheidungen passieren. Diese Denkfehler sind deswegen zeitunabhängig, weil sie mal wieder mit unserer faulen Denkmaschine – wissenschaftlich Gehirn genannt – zu tun haben. Und es gibt sehr viele mehr als die genannten vier. Falls ihr Interesse an der Selbsterkundung habt, könnt ihr euch an dieser Stelle mit sehr viel Information versorgen.

1. **Confirmation Bias**: Ist Kaffee gut oder schlecht für den Blutdruck? Darf man nach einem Glas Rotwein noch Auto fahren? Kriege ich eine Extrawurst? Wir entscheiden so, wie

wir über manche Dinge im Leben denken, unsere Glaubenssätze dienen als Filter für den sogenannten Bestätigungs-Denkfehler und lassen uns nur die Informationen sehen und hören, die unsere Meinung bestätigen, nicht aber solche, die meine Meinung widerlegen würden. Unbewusst gewichten wir passende Informationen höher, die unserer Meinung entsprechen.

2. Status Quo Bias: Die Tendenz unserer faulen Denkmaschine, möglichst wenig in den bereits fest entschiedenen Abläufen zu ändern. All das, was bereits etabliert ist, spart Denk-Energie, unser Wesen klammert daran fest und versucht, dort keine Entscheidungen zu treffen. Darum fällt es uns manchmal leichter, etwas ganz Neues anzufangen als etwas Kleines im Alltag zu ändern. Wir denken, es lohnt sich nicht, diese – unsere eigene – *best practice* aufzugeben, selbst wenn eine Veränderung eigentlich dringend ansteht.

3. Sunk Cost Fallacy: Haben wir in etwas Zeit, Geld und Mühe investiert, wollen wir es nicht mehr aufgeben, denn vielleicht waren diese Investitionen ja nicht umsonst. Diese Entscheidung wird um so schwieriger, je mehr es mit Menschen zu tun hat. Uns von einem geliebten Oldtimer zu trennen, bei dem die Reparaturkosten den möglichen Verkaufswert übersteigen, ist das eine. Uns von einem Lebenspartner zu trennen, mit dem wir viele Jahre gemeinsam waren, ist eine viel schwierigere Entscheidung. Das ist übrigens die Erklärung, warum so viele Paare unglücklich zusammen bleiben. Wir berücksichtigen dabei selten, dass weitere (zeitliche, finanzielle oder emotionale) Investitionen zu noch größeren (zeitlichen, finanziellen oder emotionalen) Verlusten führen könnten.

4. **Loss Aversion**: Etwas zu verlieren bewerten wir als schmerzlicher als etwas zu gewinnen. Daher tendieren wir auch bei den Entscheidungen dazu, auf das Nicht-Verlieren zu achten und stufen selbst bei einer 50:50 Chance den möglichen Verlust negativer ein als die Aussicht auf einen möglichen Erfolg.

Wenn ihr euch über diese Denkfehler oder kognitive Verzerrungen bewusst seid, dann fällt es euch hoffentlich leichter zu entscheiden, was wesentlich ist. Konkret auf die vier Bias bezogen:

- Wie ihr im Nadja-Kapitel gelesen habt, ist das Erkennen der vielen Möglichkeiten ein Weg, sich seltener zu verirren.

- Die Entscheidung, eure täglichen Routinen und Abläufe bewusst zu hinterfragen, könnt ihr von „anstrengend“ in „chancenreich“ umbewerten und mit einer Leichtigkeit – mit Spaß und im richtigen Maß – angehen.

- Wann immer euch nur noch die Hoffnung in einer Situation hält, in der ihr sonst unzufrieden oder unglücklich seid, mag der perfekte Zeitpunkt für das Fällen einer harten Entscheidung oder das Aussprechen eines klaren NEIN zu sein. Diese harte Entscheidung hilft euch, die (zeitlichen, finanziellen oder emotionalen) Kosten der Nicht-Entscheidung gering zu halten.

- Seid ehrlich zu euch selbst und kritisch mit den eigenen Gedanken. Fragt euch, warum ihr euch nicht auf den möglichen Gewinn oder den potenziellen Erfolg fokussiert (ist es die große Angst vor der eigenen unermesslichen Kraft?).

Das Leben besteht aus mehr als aus Überschriften

In unserer Sucht, es schneller, besser und schöner, aber auch bequemer zu haben, vergessen wir manchmal, dass das Leben mehr ist als die Überschriften in Großbuchstaben. Wenn wir uns für etwas entscheiden, können wir nicht jemanden anders dafür verantwortlich machen. Sind wir nicht in der Lage, die Belohnung aufzuschieben, greifen wir oft zu schnell zu einem Angebot (weil es bequem ist) – und weil wir dann oft billig kaufen, kaufen wir oft zweimal. Manche Menschen holen sich einen Hund und geben ihn sechs Monate später im Tierheim ab. Weil sie mit den Konsequenzen der Entscheidung nicht leben können. Und weil es in unserer Welt für alle verwöhnten Personen eine Lösung gibt. Früher gingen wir zur Beichte, und die Absolution nahm uns die Schuld. Heute brauchen wir einfach nur das Kästchen anzuklicken, und schon ist der CO^2-Ausgleich für unseren Flug getätigt und ein Baum gepflanzt. Oder irgendwo in Afrika wird ein Brunnen gebohrt, weil ich Wasser in Plastikflaschen kaufe. Hand aufs Herz: Ist es nicht viel einfacher, ein Kästchen anzukreuzen oder ein Produkt mit einem sozialen Projekt zu unterstützen als in die Kirche zu gehen und in einem Beichtstuhl zu sitzen?

Entscheidungen haben – früher wie heute – also vor allem mal wieder mit uns selbst zu tun. Mit unserer Moral, mit unserem Gewissen und mit unserem Bewusstsein. Die Menschen im Jahr 1750 hatten vielleicht keine Kenntnis über ihre möglichen kognitiven Verzerrungen. Um so mehr sind wir aus unserer Sicht in der heutigen Zeit dazu verpflichtet, gesunde Entscheidungen zu treffen, die unsere Welt zu einer besseren Welt machen. Und es macht überhaupt nichts, wenn diese Entscheidungen vorerst keine Bäume pflanzen, sondern für das Leuchten in euren Augen sorgen. Denn das ist ansteckend.

Haut also ordentlich raus, was immer in euch steckt! Entscheidet euch groß und mutig zu sein, posaunt überall eure Entscheidungen heraus und steckt auch andere Menschen mit der Möglichkeit an, frei zu denken und bewusst zu wählen, was in unserem Leben passiert.

//

* * *

AUFGABE 3.5

Findet eine Entscheidung in eurem Leben, die ihr nur deswegen getroffen habt, weil ihr bei etwas mitmachen wolltet. Seid ehrlich! Es kann ein Kleidungsstück oder ein Lebensstil-Thema sein. Entscheidet euch anschließend, ob ihr dieses Thema oder diesen Gegenstand immer noch in eurem Leben haben wollt. Prüft, ob die kognitive Verzerrung #3 euch eventuell zurückhält. Genießt diesen Prozess, denn ihr seid frei und für euer Leben verantwortlich!

//

極真會

EPILOG KAPITEL 3

Was wir von Markus lernen können: Entscheiden

Markus, erzähl mal: Wann hast du das erste Mal in deinem Leben eine bewusste Entscheidung getroffen, in welchem Moment war das?

Aufgewachsen auf dem Dorf, mit drei Geschwistern, Garten, Hunden und liebevollen Eltern hatte ich das, was man eine Wunsch-Kindheit nennen kann. Es hat mir nie an etwas gemangelt, wobei unsere Eltern sehr darauf achteten, uns den Wert von Dingen und Ethik zu vermitteln. Für Bildung war immer Geld da, ich durfte Klavier lernen, mir jedes Buch wünschen, Länder bereisen, doch alles mit einem großen „aber". Es gab kein Fernsehen bei uns. Wollten wir uns bilden, Neuigkeiten erfahren, so lasen wir Zeitung, Bücher, Feuilletons oder besuchten Veranstaltungen. Fernsehen gab es nicht nur nicht, es war verpönt. Das erste mal bewusst, will meinen aktiv, sah ich mit 16 eine Sendung bei Freunden, zu unserer Zeit spielte man draußen, baute Baumhäuser, ging auf den Bolzplatz. Somit waren Spielekonsole und dergleichen für mich tabu.

In der Retrospektive war es genau der richtige Weg und ich würde es mir nicht anders heute wünschen. Mit 10 hatte ich das meiste von Karl May verschlungen und somit im Geiste viele Länder und Kulturen dieser Erde bereist, mit 15 konnte ich Faust fast auswendig, und auch noch heute zehre ich von den vielen Geschichten, Novellen oder Sachbüchern, von welchen ich im Laufe meines bisherigen Daseins intellektuell nähren durfte.

Durch die multikulturelle Lebensweise meiner Eltern und die fremdsprachliche Affinität wurde mir von Kindesbeinen eine gewaltige Welt an Kommunikation, Lebensart und kulturellem Reichtum eröffnet, was ich heute, nach über 40 Jahren als unendliches Geschenk wertschätzen gelernt habe. Freundschaften auf dem ganzen Planeten, in allen Religionen und kaum sprachliche Hürden zu haben ist ein solider Grundstein für ein glückliches und erfülltes Leben, sofern man es nutzt und in Ehren hält. Der Wunsch, Soldat zu werden, wuchs früh in mir heran, als mir mein Vetter in schmucker Generalstabs-Uniform gegenüber trat. Ich war noch sehr jung, wusste aber genau, dass ich eines Tages einen ähnlichen Anzug tragen würde, und fortan richtete ich meine gesamte Lebensperspektive darauf aus. Für mich stand fest, ich werde Offizier in der Bundeswehr, und ich habe mich entschieden, zu den besten zu gehören.

Bereits mit 12 Jahren kämpfte ich Meisterschaften, rannte schon vor dem Sportunterricht meine Runden um den Sportplatz, ging mehrfach die Woche zum Training, las alles über Militärgeschichte, Taktik, die großen Kriege der Menschheit, Gedichte aus den bittersten Stunden der Menschheit. Meine Eltern und mein schulisches Umfeld unterstützen meine Entscheidung, wenngleich ich einer der wenigen war, welcher diesen Weg beschreiten wollte. Sicherlich kam es hier und da zu einer spöttischen Bemerkung, und auch mein Lehrer ließ sich dazu verleiten, mir auf den Weg mitzugeben: „Ich hoffe, dein Fallschirm geht nicht auf, dann ist die Menschheit ein Problem los!“. Ein Satz, der heute eine Beamtenlaufbahn beenden würde. Aber ich nahm es sportlich, forderte ihn zum Schach, gewann, und wir gingen lachend auseinander. Die Kinder der 80er waren nicht immerzu auf der Suche nach einem Grund, beleidigt zu sein.

Meine Bundeswehr Karriere war alles andere als üblich, und ich kann mit großer Freude heute darauf zurück blicken. Es gab viele schöne Momente, tolle Erfahrungen, welche den Rahmen diese Buches sprengen würden, doch will ich exemplarisch eine Periode herausstellen. In meiner Zeit als Student hatte ich einen tollen Vorgesetzten, welcher bestrebt, den Soldaten auch während der universitären Zeit charakterlich zu formen, mir den Bereich „Deeskalation und Konflikttraining“ übertrug. Der durchschlagende Erfolg machte selbst vor dem Ministerium nicht halt, und so hatten mein Vorgesetzte und ich eine sehr enge und vertrauensvolle Zusammenarbeit. Sein Nachfolger beendete alles mit einem Federstrich, auch aus persönlicher Antipathie mir gegenüber, er verspürte einen Ablehnung und versuchte, alles in seiner Macht stehende zu tun, um mir das Leben schwer zu machen. Manche Leute würden es Mobbing nennen, ich verspürte ausschließlich Mitleid für diesen älteren Kameraden. Egal was er mir entgegen warf, mich mit Aufgaben piesackte, mein Umfeld gegen mich aufwiegelte, ich kam trotzdem jeden Morgen mit einem strahlenden Lächeln zum Dienst, begrüßte alle Anwesenden höflich und erschlug alle negativen Gefühle mir gegenüber mit Freundlichkeit und Kompetenz.

Diese Phase hat mich einiges über mich selbst gelehrt und über den Umgang mit Widrigkeiten im Leben. Als ich die Bundeswehr nach 12 Jahren verließ, war ich innerlich noch einmal mehr gehärtet, klar in meiner Vision und wusste, dass nichts mich mehr von meinem Weg abbringen könne. Von hier an ging es als Trainer für Spezialkräfte zur Fremdenlegion, halb Europa, Afrika, Israel, sowohl Polizei als auch zu militärischen Sonderverbänden.

* * *

Welche Bedeutung haben Entscheidungen in deinem Alltag?

Ich bin ein 0/100 Mensch: Du steckst mich in eine Uniform und dann funktioniere ich. Das ist eine Krankheit, oder nee. Doch nicht, ich genieße das. Ich beschließe, keinen Zucker zu essen, dann tue ich es einfach nicht. Bei der Infanterie haben alle wie ein Loch gesoffen, außer Markus.

Karl Lagerfeld kam mal in die Harald-Schmidt-Show und hatte sichtlich abgenommen: Harald Schmidt fragt ihn, wie er das geschafft habe. Seine Antwort war in etwa: „Nun seien Sie doch nicht so, sie wissen genau, wie man abnimmt, sie sind nur zu faul." Ich finde das sehr richtig, so funktioniere ich auch, aber ich hatte auch eine harte Schule und mehrfach meinen größten Feind besiegt: Mich selbst. Was ich spannend finde: Wenn vor 50 Jahren jemand gesagt hat, er wolle abnehmen, ist er nicht in ein Fitnessstudio und hat sich keine Videos im Internet angesehen. Er hat einfach weniger gegessen und sich mehr bewegt. Aber heute ist immer eine kaufbare Lösung notwendig, die letzten Endes nicht angenommen wird und nur das Gewissen befriedigt. Es ist vielleicht zu simpel, aber es geht einfach ums bewusst Entscheiden und Durchhalten.

* * *

Nadja kommentiert dazu: Ich entscheide mich dafür, behutsam, sanft und liebevoll die neuen Dinge zu starten. Versuche ich, mich selbst zu „brechen“ und über pure Willenskraft Neues zu starten, scheitere ich oft – das kennen wir aus den vielen Geschichten über Neujahrsvorsätze. Deswegen gibt es jetzt das Kapitel 4, wie wir aus psychologischer Sicht auch entschieden handeln, nachdem wir entschieden haben.

//

POPCORN

Kapitel 4

HANDELN

Es braucht eine Balance zwischen Tun und Sein, Warten und leidenschaftlich handeln. Eins jedoch ist wichtig: Machen ist wie wollen, nur besser. Wenn wir uns für das Handeln entschieden haben, dann ist uns ein Preis garantiert: der Sieg des Erfolges oder der Pokal des Lernens.

//

HOP HOP – EIN ABSTRACT

Wer jetzt mit den Hufen scharrt, hat nach dem Anhalten und dem Aufräumen im eigenen Stall wohl die richtigen Entscheidungen getroffen. Denn eins ist ganz klar: Seid ihr in diesem Kapitel gelandet und habt keine Lust, dann startet bitte wieder vorn im Kapitel 1.

Seid ihr jedoch voller Tatendrang und möchtet galoppieren, so gibt euch dieses Kapitel die Sporen. Der Startpunkt ist dabei oft sehr wichtig – denn ihr sollt bereits beim allerersten Schritt bemerken, wer ihr seid, wie (mit welchem Gedanken und mit welcher Emotion) ihr unterwegs seid und wie der Luftwiderstand und das wehende Haar euch bereits Energie spendet. Für das Weitermachen und das Durchhalten.

Wir sprechen in diesem Kapitel über Risiken, über Selbstüberschätzung und die berühmten kleinen Schritte und wir räumen weiterhin mit hinderlichen Glaubenssätzen und der Selbstsabotage auf. Das alles in einem schnellen Tempo, mit energischen Bewegungen und mit einer Entschlossenheit, welche ihr jetzt definitiv brauchen werdet.

Wir lernen, das Richtige zum richtigen Zeitpunkt zu machen. Wir lernen den Unterschied zwischen Aufgeben und Loslassen. Wir lernen, wie wir unsere eigene Messlatte der Selbstbewertung austricksen. Und am wichtigsten: Wir tun konkrete Schritte, die sich zugegebenermaßen mehr nach Handlung anfühlen als die letzten Kapitel.

Kleiner Hinweis am Rande: Solltet ihr hier aus Ungeduld gelandet sein ohne vorherige Kapitel auch nur ansatzweise zu lesen, so marschiert ihr gerade *am Leben vorbei.*

Checkt die drei Ansagen von Nadja, Markus und Julien:

- ☐ Hop hop, das Leben wartet nicht!
- ☐ Wenn's schnell geht, macht's nichts.
- ☐ Nicht einschlafen beim Gehen.

//

4.1 MASKE AB!

Eine Maske, eine schützende Rüstung oder eine Rolle kann uns auf dem Weg zu unserem Ziel sehr hinderlich sein. Dauernd tun wir etwas – aus dieser Rolle – was nicht unseres ist und verbauen uns so mit jedem Schritt den Weg zu unserem Glück. Doch aufgepasst! Es gibt sie, die Situationen, in denen eine Maske unser Freund sein kann.

* * *

Traditionen der Verkleidung und Maskierung gab es schon immer in der Kulturgeschichte: Heute kennen wir den Kölner Karneval, das amerikanisierte Halloween oder das japanische Kabuki, um nur wenige Beispiele zu nennen. Meistens sollen mit einer Mischung aus Kostüm, Maske und Requisiten böse Geister vertrieben werden. Die Menschen schlüpfen wie im Theater in eine Rolle und mimen einen erdachten Charakter nach. Für die Zuschauer ist das ein Spiel, eine phantasievolle Welt mit Fabelwesen, Helden und schillernden Persönlichkeiten aus längst vergangen Tagen – aber auch schaurigen Gestalten aus Fiktion und Mystik. Doch was wir im Außen als Belustigung betrachten, ist im Wesentlichen eine Überzeichnung dessen, was unser Leben in all' seinen Facetten für uns bereit hält. Sind wir ehrlich zu uns, so müssen wir uns eingestehen, dass wir alle Masken tragen – und sehr oft nicht nur eine, sondern viele!

Diese Masken sind unsichtbar und für viele nicht bewusst. Wir setzen Körperhaltungen, Gesichtsausdruck, Gestik und Stimmlage so auf, dass wir besser in die Situation passen – oder mehr herausstechen. Mit einer solchen inneren Schutzhaltung lässt sich das wahre innere Gesicht besser wahren und die soziale Erwünschtheit leichter erfüllen.

Die Maske ist Schwert und Schild zugleich

Zuallererst verdeckt eine Maske die eigenen Gesichtszüge, ob sie aus einem Material zum Anfassen besteht oder eine ist, hinter der wir mental unser Selbst verstecken. Die Gegenüber nehmen nicht uns wahr, sondern ein völlig anderes Bild von uns. Die Träger können damit darstellen, was sie nicht sind, nicht sein können oder auch nicht sein möchten. Was kurios und etwas seltsam anmuten mag, ist für uns eine sozial lebensnotwendige Funktion, ohne welche unser gesellschaftliches Zusammenleben in den heutigen Strukturen unmöglich wäre. Die Redner, welche scheinbar selbstbewusst, aber mit unsichtbar zitternden Händen das Pult erklimmen, Notärzte beim Eintreffen am Unfallort oder befehlshabende Offiziere, welche das erste Mal den Ernst der

Lage zu spüren bekommen: Alle bedürfen einer Maske. Sie ist nicht nur hilfreich für die Träger selbst, sondern auch essentiell für das Umfeld. Stellen wir uns einmal vor, die Ersthelfer träfen beim Verletzten ein, schauten kurz und sagten laut mit abgeklärter Miene: „Das wird nix mehr!" Ganz gleich ob es wahr ist, wir Menschen wollen das nicht hören, wir wollen in diesem Moment Zuspruch, Fürsorge und Zuversicht. Egal wie ungünstig die Umstände auch sein mögen, wir Menschen suchen intuitiv die Hoffnungsspender als Licht in einem dunklen Raum – und wenn es auch nur die Maskenträger sind, welche mit sanfter Stimme vermitteln: „Alles wird gut!"

Die schützende Funktion der Maske

Neben der Funktion für den Betrachter hat jede Maske auch etwas Hilfreiches für den Träger. Dass ein erster Blick an der Maske abrutscht, ist ein beruhigender Umstand, denn die Gegenüber können weder die eigene Gefühls- noch Gedankenwelt spüren oder erraten. Solange wir unsere Maske tragen, sind wir sicher von äußeren Einflüssen auf unser Inneres, schirmen wir uns auch emotional ab und bauen uns eine Ritterrüstung für unsere Seele. An dieser Rüstung prallt vieles ab, ohne dass wir Schaden nehmen. Eltern kennen den Umstand nur zu gut, wenn die Kinder sich durch einen Sturz weh tun; wir wollen sie impulsiv in den Arm nehmen, sie trösten und ihnen den Schmerz nehmen. Doch haben viele für sich herausgefunden, dass es klüger ist, den Sturz unbeachtet zu lassen. Denn sonst ziehen wir eine Maske auf, die dem Kind signalisiert, dass wir immer da sind. Sind wir aber nicht, ob mit oder ohne Maske. Allermeistens nämlich rappeln sich die Kinder wieder auf und rennen weiter spielend umher, da sie alles schon wieder vergessen haben und der Spaß alles überwiegt.

Auch am Arbeitsplatz sagt wohl kaum einer frei von der Leber seine Meinung einem Vorgesetzten, dass dieser im Zweifel inkompetent, entscheidungsfaul, intrigant oder was auch immer sei. All diese Dinge, mögen sie wahr und ehrlich gemeint sein, halten wir hinter unserer Maske zurück, denn sie gibt uns Sicherheit. Sie hilft uns, der Rolle, in welcher wir uns gerade befinden, gerecht zu werden. Das Stück, welches wir täglich spielen, hat nicht nur verschiedene Bühnenbilder, sondern auch ganz unterschiedliche Persönlichkeiten. Als Mama oder Papa spielen wir eine andere Rolle als Partner, am Arbeitsplatz sind wir wiederum in einer anderen sozialen Struktur und verhalten uns anders als zu Hause oder mit den Freunden im Sportverein. Wir haben ein sehr präzises Messinstrument für uns entwickelt, welches aufzeigt, welche Rolle gerade in der jeweiligen Situation gefordert ist. Unmerklich schlüpfen wir in das Gewand, legen die Maske an und stellen unsere Rolle dar.

All diese Vorgänge laufen beiläufig, mehrfach am Tag und ganz selbstverständlich ab. Sie helfen uns allen Aufgaben gerecht zu werden, welche der Alltag an uns stellt. Doch wie bei allen Hilfsmitteln, hilft es sich derer bewusst zu sein. Erst wenn wir uns zugeben, dass wir Masken tragen, können wir diese gezielt ablegen.

Über Masken beim Militär

In seiner Zeit als Offizier ging Markus zur Zielerreichung oft sehr unorthodoxe Wege, welche seinen Vorsetzen, zu welchem er ein ausgesprochen vertrauensvolles Verhältnis hatte, vor den Kopf stieß. Markus wurde zum Rapport einbestellt und aufgefordert sich zu rechtfertigen. Seine Antwort war: „Diese Antwort kann ich meinem Vorgesetzten nicht geben, jedoch meinem Kamerad“. Der Oberstleutnant hatte Schneid, war ein Offizier und Kavalier der alten Schule und wusste genau, was er an Markus hatte. Er erhob sich von seinem Sessel, legte seine Jacke ab, zog sich die Dienstgradschlaufen vom Hemd, goss beiden einen Sherry ein und sage: „Erzähl mal, was da los gewesen ist!“. Beiden war in diesem Moment klar, dass dieses Gespräch unter Kameraden / Freunden abgehalten wurde, also dienstlich keinen Belang oder Auswirkungen haben würde. Aus einer beruflichen Rolle schlüpften die beiden Gesprächspartner in eine private, haben durch einen symbolischen Akt die Bühne gewechselt, vor einen anderen Hintergrund mit anderen Regeln. Im Anschluss zogen beide wieder die korrekte Uniform an, Markus meldete sich formal bei dem höheren Offizier ab und alles ging seinen gewohnten Gang.

Das Bewusstsein über die Existenz der Maske, bei einem selbst als auch beim Gegenüber hilft uns, Reaktionen zu interpretieren, einzuordnen und für uns zu nutzen. Die emotionale Rückmeldung auf unser eigenes Handeln durch andere entspricht nicht immer der emotionalen Wahrheit, sondern durchläuft sehr häufig einen Filter, genährt aus einer Erwartungsrolle, welche die Situation oder die soziale Konstellation vorgibt. Aus diesem Grund hilft es uns, bei der Einordnung uns im Klaren zu sein, wann wir Masken tragen und vor allem welche. So können wir sie als Rüstung für uns und andere nutzen, und wenn es sein muss auch gezielt zu Seite legen. Denn dann sind wir offen, quasi seelisch nackt und bereit, auf anderen Ebenen zu kommunizieren.

Wann sollten wir unsere Maske ablegen?

Es gibt Momente, in welchen wir uns zeigen, im Äußeren genauso wie im Inneren. Daraus kann bei beidem Wunderbares entstehen. Der Soldat, welcher in privaten Momenten nicht den starken oder selbstbewussten Führer mimen muss, sondern seiner Angst, Schwäche, den Zweifeln freien Lauf lassen kann oder auch die Eltern, welche im Bekanntenkreis auch mal über ihre vielen Herausforderungen offen sprechen.

Wir brauchen die Momente, in denen wir uns von allen Konventionen freischwimmen und unseren Emotionen ihren Lauf gewähren. Wie wir in diesem Buch bereits beschrieben haben, ist das Maske-Ablegen eine wesentliche Voraussetzung für einen Wandel. Bei der schonungslosen Analyse unserer Stärken und Schwächen, unserer Wünsche und der Hindernisse auf dem Weg dahin ist eine Maske alles andere als hilfreich. Es ist die Ehrlichkeit zu uns selbst, welche am Anfang von jeder Veränderung stehen soll – denn sonst können wir keinen festen Startpunkt definieren, von dem aus wir aufbrechen wollen.

Wie legen wir die Maske ab?

Dazu gibt es goldene Regeln:

1. Schafft euch einen **sicheren Raum**. Nur dort, wo wir frei von Wertung sind, können wir uns entfalten. Eine der großen Ängste, welche viele Menschen umtreibt ist

es, beurteilt zu werden. Aus diesem Grund verhalten wir uns gesellschaftskonform, schwimmen mit dem Strom, obwohl uns in der einen oder anderen Situation der gegenteilige Initialgedanke durch den Kopf fährt, bleiben wir auf dem sozial vorgegebenen Gleis. Wenn die Maske runter soll, sollte das an einem Ort geschehen, welcher frei von Wertung, Urteil oder sonstig qualifizierender Betrachtung ist.

2. Schafft euch einen sicheren **Spiegel**. Das können wir selbst sein oder eine uns vertraute Person, in beiden Fällen ist Ehrlichkeit notwendig. Legen wir die Maske zur Seite, sehen wir der Wahrheit ins Gesicht. Das mag wie eine banale Erkenntnis klingen, es ist aber wesentlich herausfordernder als es sich liest. Wer sieht sich schon gerne in der Fassung, welche wir unser Leben lang zu verstecken suchen? Welcher Süchtige steht auf, geht ins Bad und sagt sich: „Du bist abhängig!“? Diesen Schritt zu gehen, dem wahrhaftigen „Ich“ zu begegnen ist ein großer, der nicht sofort zu einem Glücksgefühl und hemmungsloser Begeisterung führt, wohl eher im Gegenteil.

3. **Taschentücher und Pflaster** bereit haben. Die Maske abzulegen ist schmerzhaft, denn es handelt sich um eine Erkenntnis, welche nicht betäubt werden kann. Meinen

wir es ernst, dann wird unsere Verfehlungen uns weh tun. Jeder geheilte Alkoholiker weiß das. Sind wir final aufgeschlagen am Boden, nach dem tiefen Fall, dann tut es weh, weil wir nicht mehr anders können, als die Wahrheit anzuerkennen. Ganz gleich ob es ein Gespräch zwischen Liebenden, Geschwistern, Freunden oder Fremden ist, eine Öffnung schmerzt. Die Tränen werden fließen, alte Wunden werden aufbrechen und es wird definitiv weh tun.

Die Maske abzunehmen wird die erste Handlung sein, die wirklich unbequem, aber notwendig ist.

//

***

AUFGABE 4.1

Reflektiert über eure Rollen im Leben. Welche Kreise habt ihr, in denen ihr eine bestimmte Maske tragt, die zu der jeweiligen Aufgabe passt? Fragt euch anschließend, was möglich sein würde, wenn ihr alle Masken ablegen würdet und in jeder Situation nur noch ihr selbst – ein Mensch, eine Persönlichkeit – sein könntet. Haltet fest, in welchen Lebenssituationen ihr bewusst eine Maske behalten wollt und schreibt auch das Warum dazu auf. Könnt ihr in manchen Rollen vielleicht mehr ihr selbst sein?

//

Aufräumen ist eine wichtige Handlung. Ohne Aufräumen steht uns zu viel im Weg. Womit wir im Kapitel 2 und 3 begonnen haben (erkennen und entscheiden, was wir wollen und brauchen), kommt hier in die Handlung. In diesem Kapitel wird alles aussortiert und losgelassen, was uns im Weg steht. Im nächsten Kapitel geht es dann Schritt für Schritt in den Aufbau des neuen Lebens.

* * *

Loslassen ist nicht aufgeben.

– Nadja

* * *

Jeder Depp kann aufräumen!

Wenn ihr euch entschieden habt, nicht liegen zu bleiben und bereit seid für das Handeln, dann ist das hier eine Aufgabe, der ihr auf jeden Fall gewachsen seid. So wie Bett machen oder auf einen Stuhl steigen eine Entscheidung ist, die ihr trefft, um eurem inneren Schweinehund den Mittelfinger zu zeigen, so ist das Aufräumen ein wichtiger Beweis, dass ihr unterwegs seid. Denn seien wir mal – bitte – ehrlich: Das neue, zufriedene, selbstgestaltete Leben braucht ein Umfeld, in dem es sich ausbreiten kann. Alles, was ihr nicht aussortiert, nicht ausmistet und nicht ordnet, ist eine Einladung zur Selbstsabotage und zurück zur Ausgangslage – *am Leben vorbei.*

Wir wollen hier also aufräumen, freiwillig und unbezahlt. So ist der Begriff Subbotnik 1919 entstanden, und in der heutigen Arbeitswelt gibt es zahlreiche Parallelen dazu, wenn auch weniger kommunistisch klingend.

Folgendes wollen wir mit euch aufräumen:

- eure physische Umgebung
- eure Gedankenwelt
- eure Beziehungen
- eure Finanzen
- eure Beziehung zur Arbeit
- eure To-Do-Listen

Wie im Kapitel 3.2, so gilt auch hier: Regelmäßigkeit, das richtige Maß an Aktionismus und Belohnungsaufschub. Wem das zu streng klingt, der füge bitte das Wort „liebevoll" hinzu, und schon haben wir eine liebevolle Strenge, und diese soll uns helfen, aus dem unüberschaubaren Chaos unseres Lebens ein uns wohl schmeckendes Lebens-Menü zu bereiten.

Und damit ihr euch – trotz der Strenge und des vorgeschriebenen Belohnungsaufschubs – auf das Handeln freut, folgen hier ein paar Hinweise dazu, wie das Aufräumen eine heilende und glücklich machende Wirkung auf uns hat.

1. Genau wie das Bett machen, hat auch das Aufräumen einen positiven Einfluss auf das Selbstvertrauen und die Selbstwirksamkeitserwartung. Hier werden gleiche Glückshormone ausgeschüttet wie beim Leistungssport (das berühmte *Runners High*).

2. Was uns zum nächsten Fakt bringt: Aufräumen ist energetisierend. Wir treffen beim Aufräumen viele kleine Entscheidungen und setzen diese auch um, das gibt uns wiederum eine neue Energie für die nächste Entscheidung. Und jeder Depp kann aufräumen! Darum ein kleiner Tipp am Rande: Wann immer ihr etwas gerade nicht

entscheiden könnt, parkt das und entscheidet erstmal etwas anderes.

3. Aufräumen verringert unsere Angst, das hat mit den archaischen Gehirn-Mustern zu tun, die permanent nach dem Säbelzahntiger suchen und ihn nur dann sicher zu erkennen meinen, wenn unser Umfeld geordnet und übersichtlich wirkt. Manchmal lohnt es sich, an einen imaginären Säbelzahntiger zu denken. Wie wäre es zum Beispiel mit der Konsequenz, die ihr ertragen müsst, wenn ihr die Steuerunterlagen nicht sortiert und nicht rechtzeitig verschickt?

4. Physikalisches Aufräumen bringt uns auf gute Gedanken, denn das pure Sortieren der Gegenstände – etwa beim Staubwischen – lässt im Gehirn viel Raum, um Gedanken schweifen zu lassen. Wie viele großartige Ideen sind schon beim Rasen mähen und Staubsaugen entstanden!

5. Entrümpeln reduziert Stress, weil wir Dinge schneller finden oder durch weniger Dinge weniger zu tun haben. Manche Menschen entrümpeln Zeitschriftenstapel, bei anderen sind es ganze Oldtimer-Autosammlungen, die aufgeräumt werden möchten. Die Wirkung ist jedoch die gleiche: Was ich nicht mehr habe, bereitet mir weder

Kummer noch Kosten, noch sammelt es Staub an oder will geputzt werden.

Räumt also – bitte regelmäßig – auf. Weg mit dem Dreck, weg mit den unnötigen Gegenständen und Dekofiguren, die uns keine Freude bereiten. Weg mit Klamotten, in denen wir uns unwohl fühlen. Weg mit Menschen, die uns nicht gut tun. Weg mit Abos für Produkte, die wir nicht brauchen. Weg mit kaputten Dingen in der Garage. Weg mit Aufgaben und Zielen, die wir nicht erledigen und nicht erreichen wollen. Weg mit Ideen, die uns keine Energie geben. Weg mit Terminen und Verabredungen, auf die wir keine Lust haben. Weg mit Chefs und Kollegen, die uns frustrieren. Weg mit einem toxischen Umfeld, in dem wir nicht atmen können.

Weg, weg, weg!

Zieht um, kündigt, sagt ab, streicht durch, bestellt Sperrmüll, bestellt ab, befreit euch von all den Dingen, Menschen und Gedanken, die euch belasten.

Die 20-Minuten-Regel

Wenn ihr das Aufräumen zum ersten Mal ganz bewusst machen wollt, nehmt euch kurze Zeit für die innerliche Vorbereitung. Spürt die Entscheidung in euch und stellt euch einen

Wecker auf 20 Minuten. Räumt bitte nur genau 20 Minuten lang auf. Hört sofort mit dem Aufräumen auf, sobald der Wecker klingelt.

Diese 20 Minuten Regel gilt für alles: Wohnung, Gedanken, Einkaufsliste, Kalender, Liste eurer Freunde, eure Bucket-List, eure beruflichen Pläne.

Wenn ihr anschließend eure Erkenntnisse aus den 20 Minuten und dem Ergebnis in ein Notiz- oder Tagebuch aufschreibt, seid ihr wahre Lebensgestalter!

Aussortieren bedeutet Entscheiden

Wachstum findet da statt, wo es hässlich wird in unserem Leben und manche Entscheidungen sind das Aussortieren von solchen unschönen Dingen und Themen.

Eine Frage für das Entscheiden, welche Gegenstände oder Kleidungsstücke euch weiterhin umgeben dürfen, lautet: Macht mir dieser Gegenstand Freunde? Bei jeder Interaktion?

Entscheidungskriterium für Gedanken, von denen ihr euch gern lösen dürft, ist recht simpel: Bringt mich dieser Gedanke weiter in die Richtung meines Nordsterns? Ihr wisst bereits, dass manche Gedanken auf den ersten Blick unbequem und hässlich sind, jedoch ein Leistungstreiber sein können. Ein Fluch und Segen in einem. Doch es gibt immer diese berühmten Wendepunkte unseres Lebens, an denen wir bereit sein sollten, die lieb und vertraut gewordenen „Du kriegst keine Extrawurst"-Glaubenssätze auszusortieren.

Ähnlich sollte es mit unseren Freunden und Bekannten sein. Wer tut uns nicht gut? Wer nimmt, ohne zurückzugeben? Wer ist vielleicht die eine toxische Person in meinem Leben, die mir wie saure Milch den ganzen Pott Kaffee verdirbt? Da hilft auch kein Zucker! Auch hier eine taktische Empfehlung: Entweder ihr startet mit einem richtigen Befreiungsschlag und löst euch sofort und ohne Rückkehr von der einen Person, die euch viel Energie abzieht oder ihr wählt die sanfte Taktik und mistet zuerst eure Social Media Listen aus. Wem folgt ihr? Wer darf euch folgen? Wer ist wirklich an euch und eurem Leben interessiert? Wer gafft nur und nimmt nicht daran teil? Weg mit den toxischen Personen, egal auf welchem Kanal!

Zack zack, hop hop! Was immer gerade durch euren klugen Kopf ging, legt dieses Buch kurz zur Seite und handelt. Mit oder ohne 20-Minuten-Regel. Es kommt nichts Gutes, außer ihr tut es!

Gewinner geben niemals auf – und wer aufgibt, gewinnt nicht

Ja, solche Tschaka-Rufe könnten wir zuhauf in diesem Buch verteilen, doch wir wissen selbst, dass ihre Wirkung von nur selbst begrenzter Dauer ist, wenn sie nicht aus eurer eigenen Gedankenwelt entspringen, sondern von den Seiten dieses Buches. Es geht in diesem Buch in erster Linie darum, gegen euch selbst zu gewinnen und das Jammern zu beenden. Daher sei uns diese eine Zwischenüberschrift an dieser Stelle erlaubt – eine möglichst passende Übersetzung aus dem Englischen: „Winners never quit, quitters never win." Diese Zeile kommt aus einem inspirierenden Vortrag einer Schwimmerin und wir kommen im Kapitel 5 nochmal darauf zurück. Was in dem Subbotnik-Zusammenhang gesagt werden möchte, ist folgendes: Startet mit einer inneren Haltung, die das Aufgeben nicht zulässt. Beginnt jede 20-Minuten-Session mit der Hypothese, dass ihr erfolgreich sein werdet. Lasst diesen Gedanken zu. Testet ihn selbst für euch aus.

Was wenn ihr das wirklich durchzieht? Was wenn ihr es schafft, pro Woche einen Bereich eures Lebens aufzuräumen? Was wenn ihr ehrlich zu euch selbst seid und akzeptiert, dass ihr keine Ausrede für das angebliche Fehlen der

Zeit habt? Jeder Mensch kann in der Woche 20 Minuten Zeit finden. Jeder Mensch kann sich einen Wecker stellen.

Und wer es schafft, 20 Minuten der Zeit für das Aufräumen des eigenen Lebens zu finden, der schafft auch ganz andere Dinge im Leben. Klingt zu einfach? Probiert es aus.

Warum uns das Loslassen schwer fällt

Das Aufräumen – physisch, mental, emotional – verlangt an vielen Stellen einen Abschied. Abschied von vertrauten Gedanken, von Gegenständen und Menschen. Emotional haben manche Menschen – nicht alle! – damit ein Problem, denn Abschied erzeugt ein Gefühl des Verlustes. Etwas loszulassen bedeutet, es nicht mehr in der eigenen „Inventur" führen zu können. Einen Menschen ziehen zu lassen bedeutet weniger Aktivität, Gespräche, Unternehmungen – und selbst die unangenehmen Gespräche sind manchmal ein lieb gewonnenes Ritual, auf das wir nach dem Aufräumen verzichten müssen.

Vieles lassen wir auch deswegen nicht los, weil wir eine Hoffnung haben: Ob ein Gedanke, ein Mensch oder ein Kleidungsstück, es könnte ja noch eine Gelegenheit kommen, bei der wir genau den/die/das brauchen! Prüft bitte, ob diese potentiellen zukünftigen Situationen in das neue Portfolio eures Wunschlebens passen, das sich komplett nach eurem Nordstern ausrichtet!

Und dann gibt es noch die Angst. Die Angst, dass wir durch das Lösen und das Loslassen aufgeben würden. Denn wir sind ja Gewinner, wir geben niemals auf, oder? So halten wir uns zum Beispiel jahrelang an Beziehungen und Arbeitgebern fest, weil wir der Meinung sind, die Situation könnte sich noch bessern. Der Arbeitgeber könnte plötzlich meine Talente bemerken und mich fördern. Der Lebenspartner könnte sich plötzlich daran erinnern, wie lieb wir uns mal hatten und mir seine Aufmerksamkeit schenken. Bitte glaubt uns, wir – die Autoren dieses Buches – waren jahrelang in solchen Situationen, privat und beruflich und wir haben viele emotionale Schlaglöcher auf unserem Lebensweg zu lange ignoriert.

So schreibt euch bitte in Großbuchstaben einen einfachen Satz auf:

Loslassen ist nicht aufgeben.

Lasst diesen Gedanken eine Weile auf euch wirken. Am Ende dieses Kapitels werdet ihr eine Aufgabe dazu finden.

Was ihr noch alles aufräumen könnt

- Kauft weniger neue Sachen! Das damit verbundene Glücksgefühl ist meist von kurzer Dauer. Wenn ihr die Kunst des Belohnungsaufschubs in allen Stufen meistern könnt, werdet ihr merken, wie viel mehr Genugtuung es euch bereitet, eine Weile nichts Neues zu kaufen.

- Probiert das Digital Detox aus. Wir nehmen das Handy durchschnittlich 80 bis 100 Mal am Tag in die Hand, das möchte auch aufgeräumt werden, denn das Leben findet ganz eindeutig nicht im Internet statt! Ein Weg dorthin ist: so viele Apps wie möglich löschen, alle Benachrichtigungen ausschalten und sich selbst ein Limit setzen (die Software vieler Geräte bietet mittlerweile eine Option dafür an).

- Räumt eure Kalender auf. Jede Wette, 20 bis 40% eurer Termine sind nicht nötig, zu lange veranschlagt oder hätten in einer Email erledigt werden können. Nutzt die gewonnene Zeit für die Gestaltung eures Lebens, für Zeit mit den lieben Menschen, die euch vermissen – oder eben fürs Aufräumen :-)

Wir finden, diese Liste reicht fürs Erste aus. Das Konzept des Buches sieht es eh vor, dass ihr gewisse Dinge immer wieder tut. So kann es also sein, dass ihr an dieser Stelle nur ein bis zwei Impulse von hier aufgreift, und beim nächsten Mal etwas anderes.

Viel Spaß beim Handeln!

//

***

AUFGABE 4.2

Nehmt ein Papiertaschentuch in die Hand und stellt euch hin. Stellt euch vor, dieses Papiertaschentuch ist eine Situation oder ein Mensch, den ihr loslassen wollt. Macht diesen Prozess sehr bewusst, schließt dabei gern die Augen. Wenn ihr bereit seid, lasst das Taschentuch los und spürt, wie es aus der Hand gleitet. Prüft, ob ihr den Impuls verspürt, es festzuhalten oder ob sich etwas regt, es aktiv zu werfen statt aus der Hand fallen zu lassen. Ist das Taschentuch auf den Boden gefallen, bleibt noch eine Weile da stehen und spürt, was in euch vorgeht. Bitte keine Eile. Schreibt euch die Gedanken zu diesem kleinen Reinigungsprozess gern in euer Notizbuch auf.

//

4.3 HANDELN MIT SPASS IM RICHTIGEN MASS

Das Gefühl des Fließens, des Sich-Im-Handeln-Auflösens kommt erst dann zu euch, wenn ihr diszipliniert durchgehalten habt; wenn ihr jeden Tag gegen euch selbst gekämpft habt. Doch wie schafft ihr es, eure Sportschuhe anzuziehen? Wie gelingt es, das Buch aufzuschlagen und die Sprache zu lernen? Wie kommt ihr vom Sofa hoch? In diesem Kapitel geht es um die Kunst zu erkennen, was ihr ändern könnt.

* * *

Nicht Unglück sondern Langeweile ist das Gegenteil von Glück.

– Stephan Lermer

Handle!

Es gibt Menschen, die machen einfach irgendwas, um des Machens willen oder um sich nicht zu langweilen. Das kann heilsam sein, das kann kreativ sein, das kann schöpferisch und gestaltend sein und für denjenigen kann der Prozess selbst gut sein.

Wir wollen uns hier jedoch mit dem Handeln auseinandersetzen, dass sich nach einer Zielsetzung anschließt. Also Handeln, um etwas zu erreichen, eine Lebensänderung, ein Job, mehr Fitness, den Traumpartner zu finden oder die Weltreise zu planen. Also handle, um etwas zu erreichen und nicht: Handle, um zu handeln. Das wäre der reine Aktionismus, der auf Dauer nur ausbrennt.

Neben dem Erreichen des eigentlichen Ziels gibt es für uns hier positive Begleiterscheinungen: Flow, Feedback (unser eigenes oder von anderen), das berauschende Gefühl der wachsenden Selbstwirksamkeit – parallel zur steigenden Sicherheit. Plötzlich sind die Fremdwörter gar nicht mehr so fremd, die eigenen Bewegungen selbstverständlich und die eingeübten einzelnen Handgriffe sehr vertraut.

Apropos Handgriffe. Erinnert ihr euch an die Fingerübung aus dem Kapitel 3.4? Der Wechsel der Fingerposition kann bereits nach einigen Wochen das „new normal“ werden. Andere Handlungen brauchen eine viel längere Übungszeit. So dauert zum Beispiel die Ausbildung zum Sushi-Meister in Japan traditionell 10 bis 15 Jahre – könnt ihr euch diese Lernzeit vorstellen? Natürlich wird diese Ausbildung in Europa und USA gekürzt, denn wir sind hier von Ungeduld getrieben und glauben, alles sofort und möglichst schnell haben zu dürfen.

Und ja, das dürfen wir bekommen, wenn es um Handelswaren oder Sushi-to-go geht. Wir dürfen jedoch nicht so ungeduldig sein, wenn es um das Gestalten unseres Lebens geht. Und hier können wir durchaus davon ausgehen, dass es ein paar Jahre dauert, bis wir zum Meister werden.

Babysteps für Erwachsene

Der Weg dorthin besteht aus vielen kleinen Schritten – das ist das Handeln im richtigen Maß. So wie Sandkörner zu einem Berg werden und Minuten zu einem Jahr, so werden eure Entscheidungen und – vor allem – eure Handlungen zu dem, was ihr, später rückwirkend betrachtet, euer schönes Leben nennen könnt.

Je größer und ehrgeiziger das Ziel, desto achtsamer sollten die Schritte sein. Wie beim Bergsteigen, wo wir auf die Menge des Sauerstoffs in der Luft achten müssen, damit wir weiter gehen können. Wie beim Training, wo der Erfolg (Fitness, sichtbare Muskeln, Ausdauer, messbare Verbesserung der Leistung) sich nicht aus der Menge der Übungen pro Tag einstellt, sondern aus der Regelmäßigkeit und der Menge der

Tage, die wir in einem halben Jahr mit dem Üben verbringen.

Das Ziel ist es also, die vielen kleinen scheinbar flüchtigen Taten und Schritte zu einem großen Gefüge zusammen zu bekommen. Es fängt mit dem Stellen des Weckers an: zehn Minuten früher und ihr habt Zeit für einen Workout. Halbe Stunde früher und ein gesundes Frühstück oder eine Seite eures Romans werden möglich.

Quietscht es bereits? Wecker früher stellen klingt nicht so attraktiv? Das wissen wir! Was glaubt ihr, wie dieses Buch zustande gekommen ist? Richtig, aus ganz vielen frühmorgendlichen und spätabendlichen Schreibstunden und aus mindestens genau so vielen Abstimmungsterminen, immer um 8 Uhr, also bereits nach Yoga und Frühstück für die meisten von uns. Für Julien war das allerdings bereits fast Mittag, er steht jeden Tag um 5:30 auf.

Die Schwierigkeit mit Disziplin

Wir taten uns mit diesem Textabschnitt recht schwer. In unserem Team haben wir nämlich eine Mischung aus „Disziplin ist einfach“ und „Disziplin ist schwer zu erlangen“. Obwohl Disziplin als eine der deutschen Tugenden gilt, erleben wir alle gemeinsam, wie viel wichtiger es uns – den modernen

Menschen in den mit allen Annehmlichkeiten versorgten Städten – heute zu sein scheint, dass wir chillen und ruhen können, alles mögliche on demand und innerhalb von 24 Stunden, quasi komplett ohne Kampf und mit maximalem Komfort. Ihr habt auch schon gelesen, wie sehr Markus und Julien diese Renaissance der Kaffeehaus-Kultur genießen, jedoch achtsam und im vollen Bewusstsein um den Luxus des Moments. Auch Nadja ist gern im „Dolce Far Niente" Modus – im süßen Nichtstun am Strand und ohne Uhr, gepaart mit der Fähigkeit, scheinbar aus dem Nichts Berge zu versetzen und eine Macherin zu sein. Wir haben, jeder für uns gelernt zu arbeiten, bewusst und sehr konzentriert, voll im Fokus der Aufgabe. Wenn wir aber entspannen, uns Ruhe gönnen, dann vollführen wir das mit der gleichen Hingabe, alles zu seiner Zeit.

Was ist es also: Disziplin? Warum ist es so schwer zu beschreiben, zu fassen und warum ist es für viele von uns so viel schwieriger, Disziplin und Durchhaltevermögen zu erwerben? Eins ist uns als Autoren klar: Eine Liste von Ratschlägen zu passenden Zielen, 21-Tagen-Durchhalte-Challenges und anderen „Du-kannst-es-auch"-Schnickschnack ist weit entfernt vom Inhalt dieses Buches. Vielleicht ist aber auch genau dieser Schnickschnack und das Versprechen, dass Disziplin erfolgreich mache so pauschal und so verbraucht, dass es nicht mehr wirkt? In einer Welt, in der man angeblich zum Millionär werden kann, wenn man nur genug Follower sammelt, an den schönsten und teuersten Orten der Welt abhängt und sonst nix tut?

* * *

Die Distanz zwischen Wunsch und Realität ist Disziplin.

– Markus

* * *

Hat Disziplin nicht langsam ausgedient? Müssen wir vielleicht „Ohne Fleiß kein Preis“ und ähnliche Sprichwörter aus unseren Glaubenssätzen streichen? Schmeißt das Universum uns vielleicht von selbst zu mit allem, was wir brauchen, wenn wir uns das ganz doll und ganz lange wünschen? Ihr seht, wir werden wieder etwas bissig und böse, und wisst ihr warum? Weil wir selbst an Disziplin glauben, egal wie sehr wir manchmal genervt sind und uns lieber ins Nichtstun stürzen möchten. Übrigens, auch ein Influencer darf sehr diszipliniert an seinem Thema dran bleiben, wenn er etwas erreichen möchte. Es sieht vielleicht nicht nach harter Arbeit aus, aber glaubt uns, alles – wirklich alles, was nicht Mittelmäßigkeit ist – ist ein Ergebnis von Fokus, Fleiß und Schweiß.

Und darum sagen wir euch an dieser Stelle noch einmal: wann immer ihr undiszipliniert seid, wann immer ihr euch entscheidet, nicht zu handeln, betreibt ihr – ab nun ganz bewusst! – Selbstsabotage. Ihr entscheidet euch für die Konsequenzen des Nicht-Tuns. Es ist eure Entscheidung! So gut müsstet ihr uns mittlerweile schon kennen, wir tragen den Hund nicht zum jagen, meint: wir werden euch hier keine fünf Punkte für mehr Selbstdisziplin und starken Willen auflisten. Nein! Aus die Maus. Wir sind im Kapitel vier, das bedeutet: Ihr seid jetzt dran mit Handeln. Wir sind sicher, ihr kriegt das hin.

Die Konsequenzen – so oder so

Mit eurer bewussten Entscheidung solltet ihr bereit sein, die Konsequenzen der Disziplin oder die Konsequenzen der Nicht-Disziplin zu tragen. Vielleicht ist das bekannte Unglück ja doch flauschiger als das unbekannte Glück. Aber seid dann bitte so nett und gesteht euch ein, dass ihr bewusst diese eine Entscheidung getroffen habt. Erzählt ruhig in eurem Umfeld, ihr habt euch für die Nicht-Disziplin entschieden. Ihr wollt das so. Ihr habt keine Lust. Ihr seid schwach und willenlos. Ihr habt gegen den inneren Feind verloren. Ihr gebt auf. Darf auch mal sein.

Nur: Wer hat dann gewonnen? Der innere Feind? Das andere Ich? Warum hat dieser Jemand in uns drin mehr Disziplin und Willenskraft? Wo nimmt diese Person diese Kraft nur her? Wenn wir nur mit dieser Seite unseres Ichs auch an diese Kraftquelle dran kämen ... Puh, ganz schön verrückt, dieser Kampf gegen sich selbst!

Ist es euch zu anstrengend, dann klappt dieses Buch zu. Es war wohl eine Fehlinvestition. Habt ihr jedoch die Hoffnung in euch noch nicht ganz verloren, so möchten wir euch etwas vorstellen, das euer Handeln leichter macht, wenn ihr euch – diszipliniert und willensstark – für das Handeln entscheidet.

Flow – Handeln mit Erfüllung

Was, wenn ihr im Turbogang unterwegs sein könntet, und das würde sich nicht einmal anstrengend anfühlen? Was, wenn alles, was ihr tut, mit einer elfenhaften Leichtigkeit passiert und wie von selbst? Eine Entscheidung führt zur nächsten, und jede Entscheidung wird sofort – scheinbar mühelos – ausgeführt. Ihr geht für mehrere Stunden restlos in einer Tätigkeit auf, vergesst zu essen und seid wie in einem angenehmen Rauschzustand.

Dieser Zustand nennt sich Flow und wird als optimaler Bewusstseinszustand definiert, ein Hochgefühl, in dem wir unser Potenzial spüren und unsere beste Leistung erbringen. Im Flow-Zustand ist euer Geist ganz ruhig und klar, alles passiert fließend. Jede Situation und Aufgabe meistert ihr gefühlt vollkommen mühelos. Spielende Kinder haben die wundervolle Gabe, vollkommen in dem aufzugehen, was sie gerade tun – doch auch im Erwachsenenalter können wir diesen Zustand mehrfach am Tag erreichen.

Verschiedenste Tätigkeiten können uns in den Flow-Zustand versetzen:

- Extremsport / körperliches Training / Laufen / Yoga
- Arbeiten – Forschung, Lernen, etwas verstehen, etwas Neues schaffen
- Skifahren, Surfen, Segeln, Wildwassersport, Klettern und Gleitschirmfliegen
- Musizieren / Tanzen
- Malen / Zeichnen / Bildhauern
- Spielen
- Schreiben

- Haushalt – Aufräumen, Bügeln, Rasen mähen ...

Rein wissenschaftlich betrachtet bedeutet Flow ein Optimum zwischen der Unter- und der Überforderung, wenn es im Leben um das Abrufen unserer Leistungen geht. Passen die Herausforderungen zu unseren Fähigkeiten und Kompetenzen, haben wir Spaß und sind voll bei der Sache. Stimmt die Mischung nicht, geraten wir schnell entweder in die Überforderung oder in die Langeweile, und beide Seiten machen uns unglücklich. Sind wir zu lange und zu stark überfordert, kann sich sogar das als Krankheit geltende Burnout einstellen, die Gegenseite davon ist das weniger bekannte, dennoch genau so gefährliche Boreout.

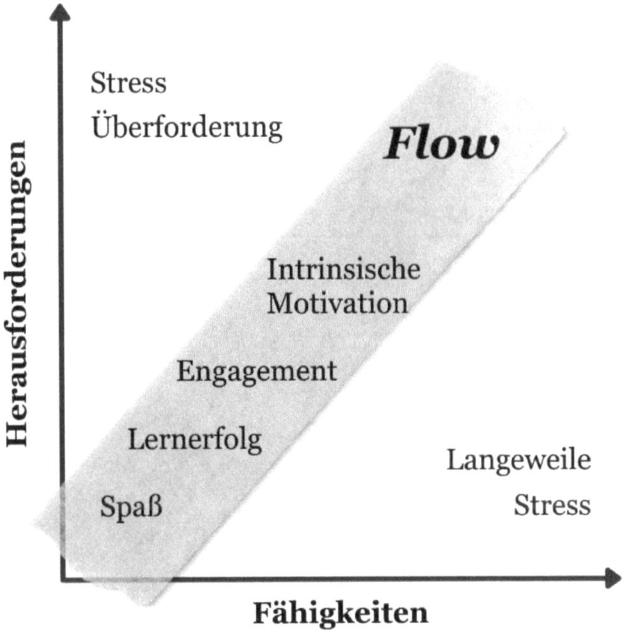

Das Gefühl des Flow ist so flüchtig wie ein Duft und so leicht zu verscheuchen wie ein Schmetterling, daher schreiben wir auch darüber im Kapitel, in dem es um das Handeln mit Spaß im richtigen Maß geht. Wollt ihr mehr Flow im Leben haben, so beachtet bitte folgende drei Punkte:

1. Macht ihr zu viel, überfordert ihr euch und verliert die Lust. Macht ihr zu wenig oder zu langsam, fehlt euch die direkte Rückmeldung über den Fortschritt, und ihr findet die Aufgabe nicht mehr spannend genug.

2. Damit wir das Hochgefühl des Schaffens erleben, brauchen wir eine klare Ausrichtung auf den Nordstern, aufgeräumtes Umfeld, Struktur und Disziplin (ja, Disziplin! Siehe unten).

3. Damit der Flow-Schmetterling sich in Ruhe niederlässt, brauchen wir außerdem eine achtsame Haltung gegenüber dem Hier und Jetzt. Sowohl die Gedanken als auch der Rest von uns sollten sich voll und ganz auf das, was wir tun richten.

Das Yin und Yang im Handeln

Wir haben lange nach einer Stelle im Buch gesucht, an der wir das Yin und Yang als Bild benutzen können. Welcher Lebensratgeber kommt denn bitte ohne dieses Balance-Bild aus? Nun haben wir die Stelle gefunden, und wisst ihr was? Ihr ratet nicht, was Yin und Yang in diesem Fall sind!

Obwohl, vielleicht erratet ihr das ja doch. Denn eben haben wir über den Flow-Zustand geschrieben, und dass der Flow die Disziplin braucht. Welch' Überraschung kann es also noch sein, wenn wir euch jetzt sagen, dass die Disziplin dem Flow nicht abgeneigt ist?

Ein Handeln, in dem die Disziplin die harte und strenge Vater-Rolle spielt, während der Flow die sanfte und ausgleichende Mutter ist – wie gefällt es euch? Eine Balance zwischen dem starken Willen, dem Durchsetzungsvermögen auf der einen und dem leichten Sein, dem ruhigen und klar fließenden Wachsen auf der anderen Seite. Viele kleine Entscheidungen und viele kleine Handlungen, die sich nach und nach zu eurem Wunschleben formen.

Kleine Helfer, große Wirkung

Wir sind als Menschen ja alle unterschiedlich, vielleicht funktionieren darum die Postkarten-Sprüche nicht bei allen gleich gut. Auch in diesem Buch gibt es sicher ein paar Stellen, die bei euch je nach Persönlichkeit eine unterschiedliche Wirkung entfalten.

Im Kapitel 4.2 habt ihr ja bereits die 20-Minuten-Regel für das Aufräumen kennengelernt. Diese könnt ihr sehr gern auch auf andere Bereiche ausweiten. 20 Minuten Vokabeln lernen, 20 Minuten Sport, 20 Minuten Lebenslauf schreiben und dazwischen eine kleine Pause. So ein Patchwork-Lebensgestaltungstag kann dazu führen, dass euer Gehirn eine Menge Glückshormone produziert.

Vielleicht aber fühlt sich das erstmal nur nach Kampf, Überwindung und einem Schmerz der Überwindung an. Es kann also schattig, unbequem und auf manchen Streckenabschnitten sehr anstrengend sein. Seid ihr euch dieser Hürden bewusst, wird es für euch leichter sein, sie zu überwinden, allein schon deswegen, weil ihr wisst, dass alle Menschen auf der Welt diese Hürde überwinden müssen.

Habt ihr euch selbst erst einmal für das disziplinierte Befolgen der selbst ausgedachten Maßnahmen überzeugt, so kann sich das zufriedene Flow-Rauschgefühl einstellen. Die plötzliche Leichtigkeit der Schritte, die Freude über die Bewegung (physisch oder mental), das Spüren der eigenen Wirksamkeit und die wachsende Zuversicht. „Selber machen" sagen kleine Kinder oft in solchen Momenten, falls wir ihnen Unterstützung anbieten. Denn das sind die Momente, wo unser Selbstbewusstsein einen Schub bekommt.

Seid ihr bereit?

* * *

AUFGABE 4.3

Formuliert euch selbst kleine Aufgaben (= Mikrogewohnheiten), die sich mit einer anderen Tätigkeit zusammenfügen lassen.

- Immer dann, wenn ihr durch eine Tür geht, sagt ihr euch selbst, wie großartig ihr unterwegs seid.
- Immer nach dem Zähneputzen macht ihr das Bett.
- Immer dann, wenn ihr eine Tasse in der Hand haltet, macht ihr zwei Kniebeugen.
- Blick auf die Uhr bedeutet, Schulter bewusst nach hinten und den Rücken gerade machen.
- Schlüssel in der Tür umdrehen bedeutet, sich das Wunschziel des Lebens vor Augen zu führen.
- Der Wunsch nach einer Zerstreuung in Form von einem Video, Film oder dem Browsen in Social Media wird erst nach einem Glas Wasser befriedigt. (Ja, wir trinken meistens zu wenig Wasser.)

Das sind nur ein paar Beispiele – und bestimmt findet ihr in eurem Alltag noch mehr kleine Schlüsselmomente, die euch immer wieder auf dem Weg zu dem Wunschleben unterstützen.

Eine der wirksamsten Mikrogewohnheiten für ein zufriedenes Leben ist übrigens...

☐ seine Haare zu kämmen

☐ zu lächeln

☐ sich die Hände einzucremen

Ihr wisst sicher, was wir meinen!

//

Largo 40-60
Larghetto 60-66
Adagio 66-76
Andante 76-108
Moderato 108-120
Allegro 120-168
Presto 168-208

4.4 PAUSE MIT JULIEN

Nachdem wir unsere Maske abgelegt haben, Subbotnik mit Nadja vollzogen und dann gelernt haben, wie wir diszipliniert durchhalten, gönnen wir uns jetzt eine Pause. Denn unser System reagiert auf regelmäßige Anstrengung und darauf sollten wir vorbereitet sein, denn erst dann kann uns das Außen gar nichts mehr, weil wir immer wieder Kraft sammeln. Das Außen ist dann zusammen mit allem, was uns dort begegnet, nicht länger unser Gegner, sondern unser Freund, selbst, wenn es richtig ungemütlich wird.

* * *

Auch die Pause gehört zum Rhythmus.

– Stephan Zweig

Handeln erzeugt Veränderung. Veränderung wiederum kann alles Mögliche nach sich ziehen: Trauer, Schmerz, ja selbst Wut, gar auf einen selbst. Denn warum haben wir erst jetzt gehandelt? Wir hätten ja schon viel, viel eher aufwachen können! Das ist eine Art gedankliche Verzerrung, für die wir nach einem Konflikt einfach keine Ressourcen übrig haben. Egal wie: Die Reaktionen unseres Systems aus einer Anstrengung heraus sollten wir auf dem Schirm haben. Warum? Weil wir sonst ausbrennen, ganz einfach.

Wenn wir angestrengt sind, neigen viele dazu, etwas zu mogeln und schnell ein Produkt zu kaufen, was die Symptome behandelt: Schlaftabletten, Aufputschmittel und der ganze andere Industrieschrott. Das Buch ist aber für die geschrieben, die sagen: Ich will als echter Mensch leben und nicht nur existieren. Ich will nicht mit 30 sterben und mit 80 begraben werden. Und dieser Gedanke ist auch für das Pause machen essentiell. Denn wenn wir uns keine Phasen der Ruhe gönnen, werden wir vielleicht schon mit 50 begraben, egal, ob wir schon gestorben sind oder ob das Leben eine einzige Party ist.

Die Anstrengung besteht nicht aus dem Sport

Wenn wir erkannt haben: Okay, ich sollte wirklich mehr Sport machen, nicht, weil ich einen Ausgleich suche, sondern einfach, um mich gesund zu halten, dann ist die eigentliche Anstrengung nicht die der körperlichen Betätigung (auch die braucht eine Phase der Ruhe, dazu gleich mehr), sondern die

Mini-Kämpfe gegen den inneren Schweinehund. Er ist irgendwie wie der Generalsekretär der grauen Masse, in der alle gleich sind. Die berühmte *Suppe des Lebens*, von der hier schon so oft die Rede war. In der niemand weiß, warum er überhaupt da ist. Wo es total schwer ist, sich auf den Weg zu machen und sein Selbst zu finden, dafür einzustehen und zu kämpfen (gegen jenes Selbst, was in der grauen Masse groß geworden war). Daher gibt es in unserer Welt auch so viele im Kern unzufriedene Menschen. Und daher gibt es auch gerade so eine große New Work-Diskussion; was aber viele nicht verstehen in der ganzen Debatte: Wir müssen uns selbst überdenken, nicht die Arbeit. Wir sind es, an denen wir schrauben sollten. Allein diese Erkenntnis braucht immer mal wieder ihren Reflexionsraum, in der sie reifen und wachsen kann. Sprich: Eine Pause.

Neues Ritual: Vom Leiden ausruhen

Wir sind immer selbst die Baustelle, weil wir die mit den Handlungsoptionen sind. Turgenjew hat mal gesagt: „Willst du glücklich sein, dann lerne erst leiden." Wir wachsen nur außerhalb der Komfortzone inmitten eines Frühlingssturms – aber auch die Natur braucht einen Herbst und Winter zur Regeneration. Nun haben wir aber in dem Sinne keine Jahreszeiten, sondern einen Alltag mit seinen vielen Aufgaben.

Deswegen empfehlen wir hier in dem Buch die Babysteps, die vielen kleinen Schritte. Jetzt möchten wir euch noch sagen, dass ihr Geduld braucht – und immer wieder Pausen. Beim Sport nennen wir das Abwärmen. Und Markus berichtet aus seiner Kampfsportschule, dass es immer ein Begrüßungs- und ein Verabschiedungsritual gibt, in das jeweils eine Meditation eingebaut ist. Wir sollten das, was wir gerade geleistet haben, nicht mit einem Wisch vorbeigehen lassen. Sondern wir brauchen die Pause als eine Brücke, um überhaupt (wieder) Kraft zu finden. Und ja, Leid auszuhalten ist auch schon eine Leistung!

Auch mal Videos schauen zwischendurch?

Das ist eine extrem individuelle Entscheidung. Wie immer gilt: Die Dosis macht das Gift. Wenn ihr euch disziplinieren könnt, wirklich nur die eine Folge einer Serie zu schauen und euer Gehirn bei den vorgefertigten Stories abschalten kann: Bitte, dann los. Ruht euch aus. Gönnt euch das Sofa, die Bequemlichkeit, die Regeneration. Aber nicht bis nachts um zwei – und wenn doch, dann freut euch wenigstens darüber und macht euch kein schlechtes Gewissen. Behandelt das wenn möglich als einmalige Eskalation, die euch Freude bereitet hat. Denn seien wir mal ehrlich: Viele Serien sind aber auch fesselnd! Und dann geht ihr aber im nächsten Moment auch motivierter und ausgeruhter an die Aufgabe, die euer Leben aufräumt: Ob es der Lebenslauf ist, den ihr bearbeiten müsst, der Anruf beim Finanzamt und all' die schrecklich-schönen Begleiter dieser Aufgaben. Verurteilt euch nicht, wenn ihr irgendwas nicht geschafft habt. Bleibt die ganze Zeit positiv. Veränderung tut weh und ist schwer, aber umso wichtiger ist immer und immer wieder die Schritte zu gehen, die dieses Buch beschreiben: Anhalten, erkennen, entscheiden usw. Ihr habt es inzwischen begriffen, oder?

Einige kleine Produktivitätstechniken (nix Neues hier!)

Wer sie noch nicht kennt, bitteschön, es gibt einen ganzen Katalog an Produktivitätstechniken. Von *„eat the frog first“* (also das Unangenehmste zuerst) bis hin zu der berühmten Pomodoro-Technik: Alle arbeiten mit Intervallen. Keine einzige Technik sagt: Rackere am besten 12 Stunden durch und falle dann tot ins Bett. Wenngleich der Schlaf dann sicherlich von besonderer Tiefe ist, nein: So geht das nicht. Da könnt ihr gern Nadja fragen, die dem Burnout nur ganz knapp entkommen war. Und ja, Menschen mit einem Burnout wissen mitunter nicht einmal mehr, wie das mit dem Nudel-Kochen geht. Bitte versteht: Ihr könnt im Leben nicht nur Leistung bringen, euch immer weiter pushen, ihr braucht Regeneration. Der Körper braucht es genauso wie die Seele. In der Turbo-Kapitalistischen-Gesellschaft müssen alle immer nur höher-schneller-weiter. Wir kopieren das als „Lifestyle“ in unseren Lebensrhythmus. Unsere Vorgesetzten tun es, unser Umfeld tut es, also tun wir es auch. Das geht aber nicht lange gut: Auch der Körper übersäuert bei zu langer Anstrengung. Das System ermüdet einfach, da könnt ihr so viel Magnesium trinken, wie ihr wollt. Nur im Schlaf wachsen Muskeln, weil der Körper dann regeneriert und durch Training zerstörte Zellen erneuert. Nur im Schlaf verarbeitet unser Geist Erlebtes und Erlerntes. Und erst mit etwas Abstand sehen wir klar.

Die Konsequenzen des Nicht-Pause-Machens

Eine kollektive Wahrnehmung: Viele von uns sind bereits ausgebrannt. Von der Geschwindigkeit unseres Lebens, die uns krank macht – und wir uns damit selbst. Weil wir nicht gelernt haben, dass zum Wachstum immer auch die Pause gehört. Das sieht unser System einfach nicht vor. Da sind Konflikte sowieso nicht vorgesehen. Wer kennt es nicht, das Mantra des Chefs: „Probleme“ sind höchstens „Herausforderungen“. Aber bloß nicht das Kind beim Namen nennen! Das ist so grundlegend falsch, weil einfach nicht hilfreich. Kenne deinen Feind! Und das sind wir selbst. Aber wenn wir das schon nicht wissen und immer nur die Schuld im Außen suchen, wie und wann sollen wir gelernt haben, diese Konflikte mit uns selbst zu lösen?

Zusammenfassung: Nach intensivem Handeln ist eine Pause wichtig, weil die Auseinandersetzung mit uns selbst hochintensiv und aufwühlend sein kann. Also nehmt euch Pausen. Setzt sie bewusst ein und denkt immer an die vielleicht banale Einsicht: Rom wurde nicht an einem Tag gebaut, genauso wie ihr euer Leben nicht an einem Tag ändern könnt. Sehr wohl kann aber an einem Tag sehr viel wieder kaputt gehen, auch alles. Und das verdeutlicht uns doch, das stetiges Handeln, in der Auseinandersetzung mit uns selbst, unserem Leben und unseren Lieben ein stetiger Prozess ist, der behutsam wie bewusst vollzogen werden sollte. Der aber auch zerbrechlich ist und schnell kaputt gemacht werden kann. Deshalb gehört zu einem bewussten Handeln die bewusste Pause. Die wir nutzen um zu regenerieren, um zu sehen wo wir stehen, um die nächsten Ziele fest ins Auge zu fassen und dann mit neuer Energie weiter zu machen.

//

* * *

AUFGABE 4.4

Wir üben das eben Gelesene, will heißen: Ihr legt dieses Buch zur Seite und macht eine echte Pause. Sucht euch euren Pausen-Modus ganz nach dem individuellen Gusto aus – sportliche oder genüssliche Bewegung, etwas zu essen oder zu trinken machen und achtsam zu sich nehmen, Musik hören, mit Freunden kommunizieren, ein Powernap…

//

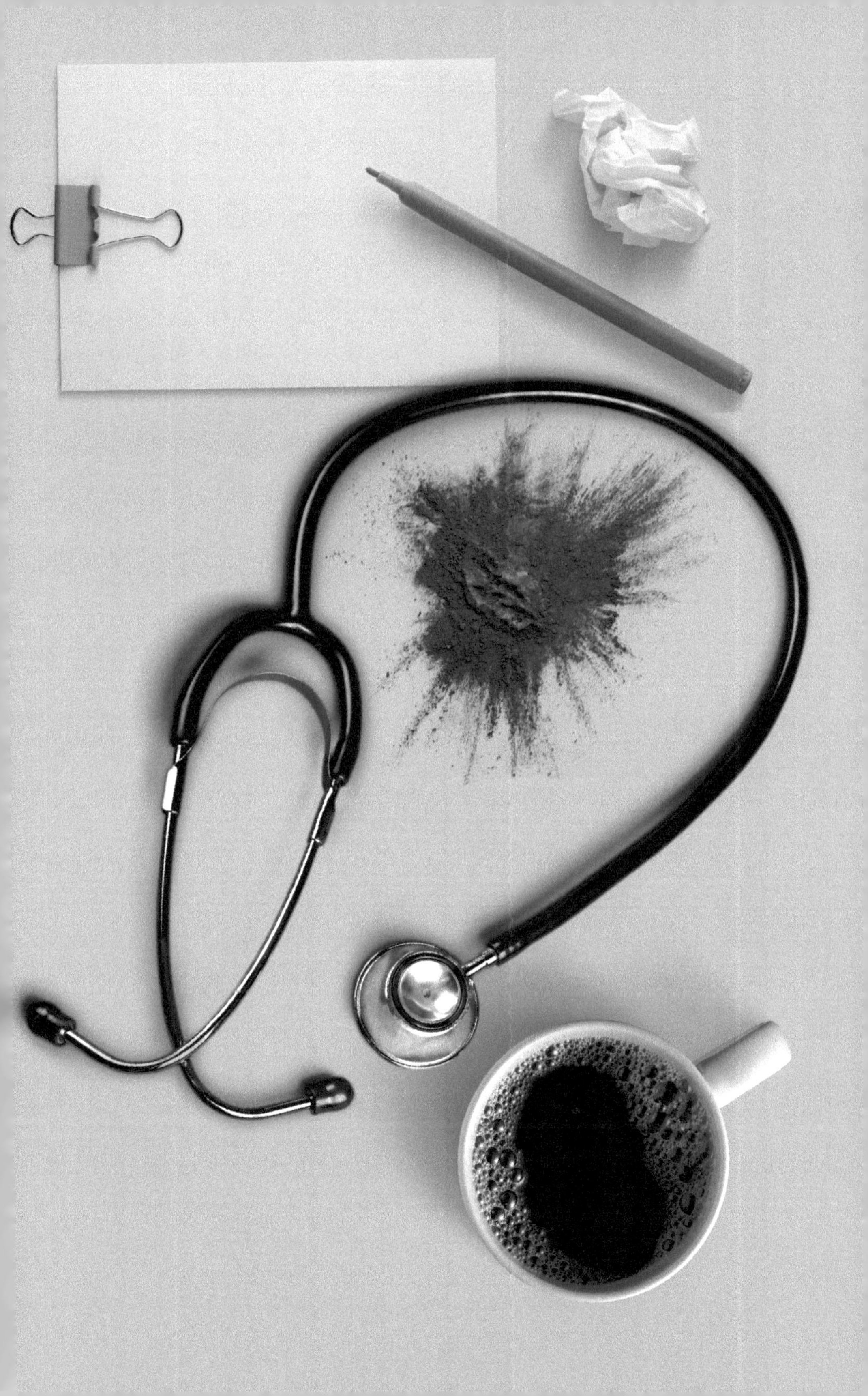

EXKURS: MEIN FREUND FRANK

Streng genommen ist das hier kein Exkurs, sondern eine Story, die wirklich so passiert ist und die uns eigentlich sehr bekannt ist: Denn sie passiert so immer und immer wieder. Sie gehört zu der Art von Geschichten, die wir uns an Kneipenabenden erzählen und damit vermeintliches Wissen austauschen. Wir wissen aber schon zu Beginn, was passieren wird. Und dennoch lernen wir nicht draus. Warum könnten also auch wir die Hauptfiguren sein, auch wenn wir eine ganz andere Lebenssituation haben, als die Hauptfigur in dieser Geschichte? Weil auch wir oft nicht entschieden handeln.

* * *

Nadja erzählt:

Mein Freund Frank ist ein Geschäftsführer. Seiner Firma geht es gut, er verdient ein sechsstelliges Gehalt und er hat alles, was man sich dafür leisten möchte: Haus, Autos, Motorräder. Frank hat viele Hobbys wie Mountainbike und Motorradfahren und Rennautos. Fast jedes Wochenende unternimmt er etwas Aktives mit seiner Familie. Für das frisch dazu gekommene Baby wird sogar extra ein Anhänger für das Motorrad besorgt – keine Ausreden, alle nehmen an den Ausflügen teil.

Darüber hinaus spielt Frank Musik. In seinem Haus hat er das Dachgeschoss zu einem Musizierzimmer ausgebaut. Dort entspannt er öfter, wenn in den kalten Wintermonaten nicht so viele Aktivhobbys verfolgt werden können.

Beruflich ist Frank stark eingebunden. Seine Tage sind meistens zehn bis zwölf Stunden lang, seine Familie sieht ihn oft nur am Wochenende, und auch dann geht er öfter an seinen Computer.

Mit 45 hat Frank die Idee, aufzuhören. Die Firma verkaufen, nur noch kleine Projekte machen, mehr Zeit mit den Hobbys und der Familie verbringen. Doch dann läuft es gerade so gut, das Projekt X und Y möchte noch abgeschlossen werden. Also verschiebt Frank den Plan aufzuhören um 5 Jahre. Schließlich sei 50 ein noch besseres Datum aufzuhören.

Als Frank 50 wird, ist seine zweite Tochter gerade ein paar Monate alt. Aber es gibt immer noch spannende Projekte und Kunden, die seine Aufmerksamkeit brauchen. Erneut schiebt Frank das Datum für das Aufhören nach hinten.

Zwei Monate später hat Frank einen Schlaganfall. Er kann sich zwar nach der mehrwöchigen Reha wieder fast normal bewegen, das Sprechen ist aber bis heute noch nicht regeneriert.

Was können wir aus dieser Geschichte lernen?

- Dass wir uns unsinnigerweise für unverwundbar und superstark halten. Sind wir in der Regel nicht. Außerdem passieren Schicksale auch im Außen; wenn wir nicht krank werden, dann vielleicht unsere Partner? Und ja, auch das ist nichts Neues.

- Dass wir mit unseren Ressourcen unverantwortlich umgehen. Wir verschwenden sie als gäbe es kein Morgen. Aber wie wir gelernt haben: Eben dieses Morgen kann auch sehr schnell zu wackeln anfangen.

Wann weiß ich, dass ich handeln sollte?

Die Geschichte erzählt aber auch davon, was passiert, wenn wir den Absprung von einem High nicht schaffen. Das ganze Buch ging es fast ausschließlich um uns als Menschen, die irgendwie jammern und dass wir deswegen unsere PS nicht auf die Straße bekommen. Aber es gibt auch Menschen, denen es von Außen betrachtet so gut geht, dass sie es gar nicht mehr zu schätzen wissen – im Fall von Frank haben sie ihre PS sprichwörtlich so sehr auf der Straße, dass sie deswegen nicht anhalten können. Ihr Wohlstand ist zu einem völlig normalen Umstand geworden. Anhalten, dankbar sein und sagen: Jetzt ist genug? Warum? Es gibt ein schönes Zitat von Turgenjew, das lautet:

„Die Jugend isst vergoldete Pfefferkuchen und denkt, das wäre das täglich Brot." Aus einem Pfefferkuchen wird schnell Brot, wenn wir es nicht genießen und es stattdessen als selbstverständlich hinnehmen.

Wann sollten wir also anhalten und etwas ändern? Wenn wir mehr brauchen, als uns unser Leben bietet oder weniger? Wir sind der Meinung: Wir sollten IMMER anhalten.

Und zwar immer dann, wenn unser Handeln bedeutet, unsere persönliche Komfortzone zu verlassen. Und das hat mit materiellem Besitz überhaupt nichts zu tun. Wir wohnen in einem der reichsten Länder der Erde, wir sind immer privilegiert, zu handeln (vielleicht vergegenwärtigt ihr euch noch einmal Kapitel 2.3 Eigene Privilegien erkennen, mit welchem wir beim Schreiben auch die größten Hürden hatten).

Kleiner Epilog von Nadja:

Frank hat in der Reha-Zeit Konsequenzen gezogen. Er hat schon immer gesagt, dass er nicht ewig arbeiten möchte; er hat einfach den Absprung nicht geschafft. Und seien wir ehrlich: Geht es uns nicht allen so? Egal, in welcher Lebenssituation wir stecken? Wir alle können krank werden und erkennen: Die eigene Gesundheit und Familie ist das Wichtigste. So hat Frank sich entschieden einen Gang runterzuschalten, vielleicht werden es aber auch zwei. Oder drei.

Wie hoch die Hürden wirklich sind

Unser Gehirn kann nur die Bilder verarbeiten, für die es Fakten hat. Falls wir z.B. nie Strenge erlebt haben, können wir sie aus uns selbst heraus produzieren; dabei ist eine liebevolle Strenge sogar sehr wichtig, gar für unser Überleben. Und selbst wenn Frank früher vielleicht nicht in all' dem Wohlstand gelebt hat: Die Lebenswelten überlagern sich so sehr, dass die alten Lebenswelten nur noch eine blasse Erinnerung sind, die uns keinen Antrieb mehr geben (übrigens merken wir an alten Geschichten und Lebenswelten, wenn sie noch etwas in uns auslösen, dass wir immer noch nicht abgeschlossen haben oder ihre Lehre immer noch nicht in unser aktuelles Leben integriert haben). Veränderungen zu vollziehen ist eine der schwierigsten – und gleichzeitig eine der normalsten – Angelegenheiten der Welt. Wir verstehen das, weil es uns auch immer und immer selbst so geht. Dabei ist Handeln sehr leicht, die Denkmaschine Gehirn mit ihren Mustern macht es uns so schwer.

Julien hat beim Schreiben dieses Buches einen schlauen Spruch gesagt: „Hätte Frank mal Sport gemacht: Sport ist die einzige Altersvorsorge, die sich auszahlt."

Auf einer Skala von 1 = leere Wüste bis 10 = Neuronenfeuerwerk, fragt eure Logik: Wie schlau und richtig ist das?

Und das ist an dieser Stelle die Moral von der Geschicht':

1. Wenn ihr etwas entscheidet, setzt es auch um – handelt, bevor es zu spät ist!

2. Manches im Leben können wir nicht kaufen und so sehr die Außenwelt uns eine Lösung für alles anpreist, ist die Lösung in den allermeisten Fällen in uns drin.

3. Wartet nicht, bis ihr eure eigene Krisensituation habt – findet einen balancierten Weg zwischen überleben und sich austoben!

//

4.5 BEREIT FÜR DEN SIEG ÜBER EUCH SELBST?

Entweder wir lernen oder wir siegen. Es ist wichtig, dass wir uns klar machen, dass uns alles im Leben etwas bringt, was wir bewusst entscheiden und dann auch durchziehen. Wenn wir die Gelegenheiten erkennen und ergreifen, dann haben wir viele Handlungsoptionen – und das Handeln wird leichter. Aber wie klappt das alles?

* * *

Handeln ist leicht, denken schwer.

– Goethe

Ihr habt euch für das Handeln entschieden? Zeigt der Welt eure Entschlossenheit!
Ihr habt den ersten Schritt gemacht? Bleibt in Bewegung!

Der letzte Test, der letzte Kampf gegen sich selbst ist der härteste. Wenn im Außen gutes Wetter und kein Widerspruch mehr ist, dann stockt es manchmal unentschieden in unserem Inneren. Bin ich hier richtig? Darf ich das wirklich? Ja, und am besten ihr erlaubt euch sämtliche Dinge, auf die ihr Lust habt, offiziell einfach selbst. Trick 17 vielleicht, aber er funktioniert. Frei nach dem Prinzip: Der einzige Like, den ihr im Leben wirklich braucht, ist euer eigener.

Wenn das Denken schwer ist, dann lassen wir es vielleicht einfach sein? Was ist demnach die richtige Balance? Was wir wirklich empfehlen: Macht einen ersten Schritt, einen zweiten, schaut, ob sich das richtig anfühlt und entdeckt während des Handelns, ob ihr in die gewünschte Richtung marschiert. Denn in diese Falle tappen viele von uns: Wir denken zu viel und handeln zu wenig. Aber das Denken allein bringt uns nicht weiter. Wer nicht von der Stelle kommt, entscheidet nicht – und entscheidet sich somit fürs „auf-der-Stelle-bleiben." Auch gut, aber dann, wie gesagt, dürft ihr nicht jammern. Ihr habt euch so entschieden. Wir entscheiden „nicht", wenn wir entweder keine Lust haben (es ist anstrengend) oder weil wir Angst davor haben, dass wir etwas falsch entscheiden. Im ersten Fall lest euch das Kapitel 3.1 noch einmal durch. Im zweiten Fall: Habt bitte den Mut, Fehler zu machen! Und sie euch nicht vorzuwerfen! Alle Menschen weltweit verirren sich! Ihr seid also mit dieser Möglichkeit nicht allein. *„Es irrt der Mensch, so lang er strebt."* Das ist übrigens auch von Goethe.

Bevor ihr also stunden- und tagelang über eine Entscheidung brütet, die euch vom Handeln abhält, geht doch einfach mal hin und tut den ersten Schritt! Probiert es – zumindest einmal in eurem Leben. Und wenn ihr das ausprobiert habt, und es war nichts für euch, dann habt ihr etwas gelernt und habt eine solidere Grundlage für die nächste Entscheidung. In der Psychologie gibt es den Begriff der Selbstwirksamkeitserwartung, und diese wächst mit jedem Versuch, den ihr da draußen unternehmt. Ein Babystep mehr, schon steigt die Erwartung der eigenen Wirksamkeit, und damit auch die Selbstsicherheit und damit auch das Selbstbewusstsein, und wisst ihr eigentlich, was Menschen mit viel Selbstbewusstsein alles schaffen können?

Alles!

Wir können gar nicht verlieren, weil ...

... wir entweder lernen oder siegen. Mit dieser Erkenntnis ist Handeln leicht, weil ihr wisst, dass ihr in jedem Fall etwas in der Hand haltet: eine Erkenntnis oder ein Ergebnis.

Also los! Hier nochmal die Power-Sätze von Nadja, Markus und Julien: *Hop hop! Zack zack! Nicht einschlafen beim Gehen! Wenn's schnell geht, macht's nichts!*

* * *

Zum Thema Prokrastinieren

Wenn Overthinking der Endgegner des Entscheidens ist, dann ist Prokrastinieren der Endgegner des Handelns.

Eigentlich müssten wir dem Thema viel mehr Raum einräumen. Wir finden aber, dass es trotz aller wissenschaftlichen Erkenntnisse, die es zu dem Thema gibt, auch eine Entscheidung sein kann, nicht zu prokrastinieren. Sicherlich, es hat seine Bewandtnis: Es ist eine Pause, die sich das Gehirn einfach nimmt (vgl. Kapitel 4.4) und ja, wir leben in einem System, welches Pausen nicht richtig wertschätzt.

Wer Pause macht, wirkt faul. Aber umso wichtiger ist, dass ihr die Pause macht, denn dann prokrastiniert ihr auch weniger. Das wollte an dieser Stelle noch einmal gesagt werden. Denn: Wenn wir prokrastinieren, verlieren wir auf jeden Fall, denn wir haben nicht einmal etwas gelernt. Ach so und noch ein hilfreicher Gedanke: Nicht alles müsst ihr übrigens als Prokrastinieren framen: Es gibt viele Leute, die machen einfach andere Aufgaben, als die, die sie auf der ToDo-Liste stehen haben. Und vielleicht hat ihnen in dem Moment das Gehirn gesagt, dass sie sich lieber ein anderes Leben aussuchen sollten? Also:

Jetzt ist der Moment. Jetzt!

Ihr habt euer Thema erkannt, ihm einen Namen gegeben. Vielleicht habt ihr schon aufgeräumt oder andere erste Schritte getan. Ihr habt genügend Handlungsmotivationen, An- und Einsichten, Weisheiten von Nadja, Markus und Julien bekommen und jetzt ist der Zeitpunkt gekommen, in die Hände zu spucken und loszulegen, wenn ihr nicht einfach zu den Menschen gehören wollt, die es seit Erfindung der Caféhauskultur gibt; jene nämlich, die vielleicht das große Meinungsbild kennen und groß denken – aber eben nur denken. Denn in den Cafés und an den Stammtischen wird viel geschimpft oder so was gesagt wie „Jemand sollte mal…“, aber wer tut da wirklich was?

Der Worte sind genug gewechselt,
Laßt mich auch endlich Taten sehn!
Indes ihr Komplimente drechselt,
Kann etwas Nützliches geschehn!

So sagt eine Figur in dem berühmten Drama „Faust“ von ..., na? Richtig, Goethe. Der war übrigens auch ein wahrer Handlungsprofi und hat sich für so viele Themen interessiert, dass er eigentlich mehrere Leben geführt hat. Was wir damit sagen wollen: HANDELT!

Seine eigene Fomo kennen

Die Fear of Missing Out (kurz: FOMO), die Angst, etwas zu verpassen, haben wir hier schon thematisiert (s. Kapitel 1.5). Sie ist der völlig falsche Ratgeber, die völlig verkehrte Motivation, etwas zu tun. Sie ist einfach nur ein sehr ungesunder Druck, dessen Belastung wir nicht lange aushalten. Aber: Wenn uns klar wird, dass wir etwas verpassen, was wir vielleicht, unter Umständen oder ganz bestimmt selbst erschaffen haben könnten, dann kehrt sich die Angst in einen angenehmen Schubdruck um. Kein Druck, der von außen, von oben oder von der Seite kommt; nein, er kommt von innen, als einer, der uns schiebt, den ersten Schritt zu tun. Diesen Druck sollten wir wahrnehmen, sonst sind wir in dem Modus drin, in dem sehr viele Menschen verweilen: Die Flucht in Ausreden, warum dieses und jenes nicht, weil doch schließlich die anderen und das Außen und sowieso (vgl. Kapitel 1.3, in dem wir euch etwas auf den Arm genommen hatten).

Möglichkeiten versus Wirklichkeiten

Auch wenn ihr nicht genau benennen könnt, was ihr da konkret verpassen könntet, eins auf jeden Fall: eure eigene Handlungsvielfalt, welche übrigens eine Voraussetzung für evolutionäre Entwicklung ist. Wir alle haben total viel ungenutztes Potenzial, aber wir nutzen nur 5 % bis 10 % davon und schleppen unsere Schätze mit ins Grab – und das ist traurig!

* * *

Ein durchschnittlicher Mensch, der nur dafür sorgt, seine Miete zu bezahlen und um mit seiner Rente zu überleben – das ist empörend! Man soll auch mal unartig sein, sich ausprobieren, sonst stirbt der Mensch in uns aus!

– Nadja

Kurz: Niemand anderes wird eure Themen angehen können. Und stellt euch nicht zu viele Sinnfragen, die halten euch nur auf. Und klar, die Geschichten und Erlebnisse anderer Menschen sind inspirierend, warum wir in dem Buch auch mit unseren Geschichten gearbeitet haben; aber ihr könnt sie nicht copy-pasten; ihr könnt nur euer eigenes Leben führen. Oder es führt euch.

//

***

AUFGABE 4.5

Führt ihr euer Leben oder führt es euch? Wer führt wen und wenn überhaupt, wohin? Gefällt es euch so, wie es aussieht?

1. Beschreibt euer Zukunfts-Ich, wenn alles so weiterläuft wie bisher.

2. Beschreibt euer alternatives Zukunfts-Ich, wenn ihr euer Leben führt.

//

MP

EPILOG KAPITEL 4

Was wir von Julien lernen können: Entschieden handeln

Ich versuche kein Held zu sein. Ich versuche weniger Arschloch zu sein. Ich versuche das Licht und die Stimme in der Dunkelheit zu sein. Wie auch immer diese aussieht. Das ist für mich Anstrengung genug jeden Tag.

– Julien

* * *

Julien, erzähl mal: Wann hast du das erste Mal in deinem Leben konsequent in deinem Sinn gehandelt und was hat das mit dir gemacht?

Als Jugendlicher war ich wenig bis gar nicht konsequent. Heute würde ich sagen, dass ich mich als Jugendlicher nicht gerne als Sohn gehabt hätte. Die Situation zu Hause war schwierig. Ich war immer irgendwie über und habe wenig Ideen fürs Leben vorgelebt bekommen. Eine Seite in mir war immer dunkel, ich kannte meinen leiblichen Vater bis 2009 nicht. Mit meinem Stiefvater war die Situation mehr als zerrüttet, er war jedoch der Vater meiner Halbschwestern. Seit dem 14. Lebensjahr habe ich gefeiert und getrunken, mich ausprobiert und rumgetrieben. Nicht zu Hause zu sein war das Ziel. Schule ist nebenbei passiert. Bewusst entscheiden – entschieden handeln? Weit gefehlt! Dafür habe ich in den Ferien nebenbei immer gearbeitet, ob im Straßen-, Garten- oder Landschaftsbau, bei meinem Onkel als Elektriker oder für einen großen Cateringdienst. Harte Arbeit war nie ein Problem für mich.

Die Suche nach mehr Sinnstiftung wurde zum Thema und deshalb habe ich mich mit 15 in Bosnien für ein Caritas-Projekt engagiert: Mit Kindern und Jugendlichen, die den Krieg miterlebt hatten, haben wir in Sarajevo kreativ zusammengearbeitet und später Häuser und Kindergärten gebaut. Für mich ist immer wichtig gewesen, dass ich von einer Sache überzeugt bin. Dann setze ich mich mit aller Kraft dafür ein und engagiere mich. Wenn nicht, fiel es mir schon immer schwer, egal ob Schule, Lernen, Studium, Projekte. Vor allem durch menschliche Beziehungen.

Deshalb habe ich schon seit meiner Jugend Kampfsport geschätzt. Es ist ehrlich, es ist wahrhaftig. Man kriegt von seinem Gegner das, was er im Stande ist zu geben. Wenn man einander besiegt hat, dann schüttelt man sich danach die Hand. Man steht als Mensch voreinander. Offenes Herz. So, wie man ist, in der Verfassung, wie man gerade ist. Und man lernt immer daraus.

Ich habe also schon vor dem Grundwehrdienst gelernt, dass unsere Handlungen Konsequenzen haben und wir uns derer bewusst sein müssen. Ich habe gelernt, dass ich Dinge selber machen muss, weil niemand kommt und sie für mich erledigt. Ich habe aber auch gelernt, wie wichtig die Ansprüche sind, die wir selbst an uns stellen. Etwas „irgendwie" zu machen, fand ich noch nie erstrebenswert. Ich habe es einfach nicht anders gelernt, weil ich immer alles mit mir selbst ausmachen musste.

In Bosnien hatte ich Kontakt mit der Bundeswehr im Einsatz und es entstand der Wunsch, das Elternhaus zu verlassen und mich zu verpflichten. Meine Bindung war nicht so ausgeprägt wie bei anderen Kameraden, die damit immer wieder ein Problem hatten. Durch die Verpflichtung und die militärische Sozialisation habe ich viel gelernt, wurde geformt. Bin aber auch immer sehr kritisch gewesen und bin es heute noch. Als junger militärischer Führer übernimmt man früh Verantwortung, schon in der Ausbildung.

Während man als junger Mensch vielleicht noch gar nicht so weit ist, etwa Beziehungen und sein Leben zu führen, wie auch immer das aussehen soll, so ist man als junger Vorgesetzter verantwortlich. Für Untergebene und Material. Das ist etwas, was diesen Job abhebt von allen anderen. Man lernt sein Handeln zu durchdenken. Die Konsequenzen abzuwägen. Ich war diesbezüglich immer sehr entscheidungsfreudig. Es fiel mir leicht, ich habe mich wohl damit gefühlt. Initiativ. Habe aber auch Verantwortung übernommen, wenn mal was nicht richtig lief.

In Bezug auf mich selbst, sah das schon schwieriger aus. Wie soll ich für mich selbst und mein Leben entscheiden, wenn diesbezüglich in Kindheit und Jugend etwas auf der Strecke geblieben ist? Ein Konflikt, der mich mein Leben lang begleitet, sich auch durch mein Beziehungsleben zieht und mich auch depressiv gemacht hat. Eine ständige Bürde sozusagen.

Ich kann also handeln, stringent und konsequent, verantwortungsvoll und unter Einbezug der möglichen Konsequenzen. Für andere. Auch in vielen Bereichen für mich selbst.

Aber oft nicht für den kleinen Julien, der da irgendwo in mir ist, der einige Dinge von früher gerne anders erfahren hätte, wie ich heute weiß. Der da irgendwo im Dunklen sitzt. Aber aus dieser Dunkelheit kann man auch Kraft schöpfen. Der

Umgang beispielsweise mit Verwundung und Tod war nie ein Problem für mich, wenn ich dienstlich unmittelbar damit konfrontiert wurde in verschiedenen Situationen. Was nicht heißen soll, dass ich gefühlskalt bin, aber es ist halt kein Problem.

Du kannst also eine Bürde mit dir tragen, dein Gefühlsgerüst kann unvollständig sein, du kannst Depressionen haben und trotzdem kannst du entschieden und verantwortungsvoll handeln.

* * *

Welche Bedeutung haben konsequente Handlungen in deinem Alltag?

Egal was du tust, mache es richtig. Ganz einfach. Dann hörst du danach auch nicht: Kannst du schon so machen, aber dann ist es halt scheiße.

Jetzt fragst du, was ist richtig? Du kannst, wenn du gläubig bist, Jesus, Allah oder die heilige Salatschüssel fragen, die du vielleicht anbetest, um für dich zu erfahren, was richtig ist. Es wäre also ein moralisch-ethischer oder religiöser Kompass. Es kommt also darauf an, wie du für dich deinen Lebensrahmen richtig definierst.

Richtig wird vielleicht gesellschaftlich und moralisch definiert. Aber dieses Richtig muss nicht immer dein Richtig sein! Dein Richtig muss zu dir passen. Also musst du für dich festlegen, wie ein Handeln für dich sein muss, damit es für dich richtig ist. Klar, im Berufsleben muss es den definierten Anforderungen deines Arbeitgebers genügen, hier kannst du für dich selbst nicht viel interpretieren.

Viele sind sich der Konsequenzen ihrer Entscheidungen nicht klar und wollen sich diese auch nicht eingestehen. Ist womöglich ein gesellschaftliches Problem. Habe ich in meinem privaten Umfeld auch gehabt, lehne ich ab.

Wenn du dich entscheidest einen Menschen zu lieben, dann mach es richtig und vollumfänglich. Such dir nicht nur die schönen Seiten an dem Menschen raus, du musst auch seine Fehler lieben können. Wenn das nicht geht, ohne deinen Kompromissraum völlig zu überdehnen, lass es bleiben. Wenn du aber sagst ja, dann handle bewusst und konsequent danach. Jeden Tag, in jedem Moment, in dem du diesen Menschen liebst.

Solltest du dich gegen einen Menschen entscheiden, dann mache auch das richtig. Beende es, sei dir nur der Konsequenzen bewusst. Stehe dazu. Klar ist eine Trennung hart, erst recht eine Scheidung und dann noch mit Kind. Aber eine unglückliche Beziehung mit einem Menschen zu führen, die dir Energie raubt, die dich nicht bestärkt und in der du nicht auch mal gestützt wirst, ist über die Zeit viel härter. Es kann dich zusätzlich belasten, wenn du eh schon ein belasteter Mensch bist. Es kann dich kaputt machen.

Konsequent sein, bedeutet aber auch, Kante zu zeigen. Auch im Alltag. Im Freundeskreis, im Verein, im Job. Es wird dich also nicht immer beliebter machen, aber die Menschen, die dann weiterhin deine Nähe suchen, werden dir gut tun.

//

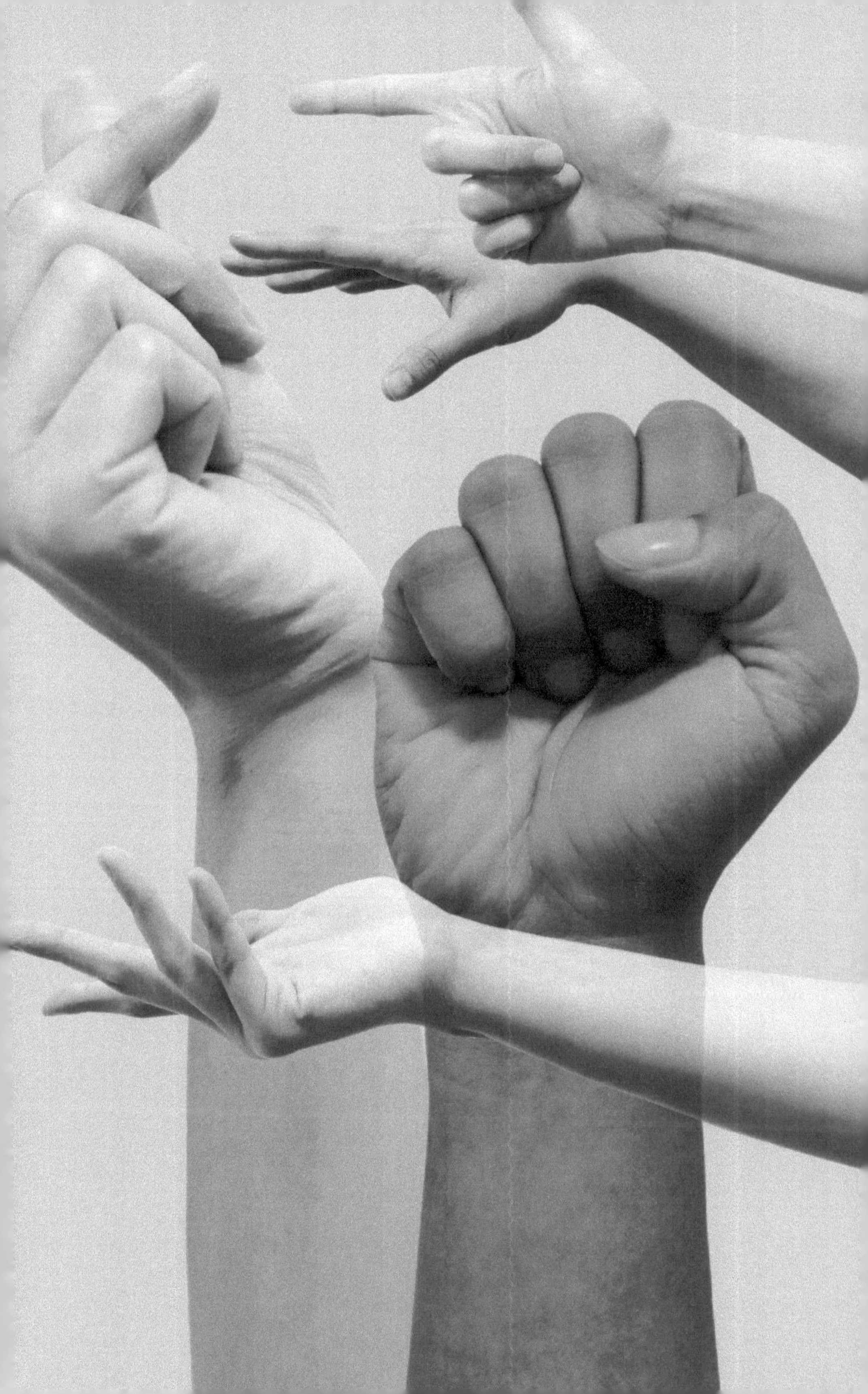

Kapitel 5

ZWISCHEN-BETRACHTUNG

Je mehr wir können, beherrschen, sehen, desto mehr erkennen wir, was wir noch alles nicht kennen und können. Die erste Schleife der Lebensgestaltung ist gedreht, und hier stärken wir uns in dem „new normal“, bevor es wieder zum Kapitel 1 geht, um die nächste Stufe zu erklimmen und die nächste Phase unseres Lebens zu gestalten. *It's a never ending story*. Oder dachtet ihr das etwa?

//

ZWISCHEN WAGEMUT UND WANKEN – EIN ABSTRACT

***

Unsere tiefste Angst ist nicht, dass wir unzulänglich sind. Unsere tiefste Angst ist, dass wir unermesslich machtvoll sind. Es ist unser Licht, das wir fürchten, nicht unsere Dunkelheit.

– Marianne Williamson

Was für ein Sinnbild auf das Leben: Der Film *Die Truman Show*. Die Hauptfigur Truman Burbank (gespielt von Jim Carrey) lebt seit seiner Geburt in einer simulierten Realität und die TV-Zuschauer können alles live verfolgen. Nachdem er das nach und nach erkannt hat, wird er von den TV-Produzenten mit allen Kräften davon abgehalten, die Show zu verlassen und in die Realität zu flüchten. Die Urversion der Truman Show wurde bereits im antiken Griechenland, also vor über 2500 Jahren, als Höhlengleichnis verfasst – und zwar von Platon: Wir sitzen in einer Höhle und sehen nur die Schattenbilder an der Wand, die wir für unsere Realität halten. Ein Mensch geht aber aus der Höhle raus und erkennt die Realität mit all' ihren Farben und Formen.

Diese Lebensgeschichte ist also nicht neu: Ihr seid gerade – so hoffen wir – aus der Höhle herausgeklettert und irgendwo angekommen, wo ihr noch nie wart. Möglicherweise sind die verbliebenen Menschen in der Höhle neidisch auf euch und wollen euch aufhalten, euren Weg zu gehen. Denn mit eurer Zufriedenheit und eurem Runners High gefährdet ihr deren entschiedenes Nicht-Handeln, Nicht-Entscheiden, Nicht-Erkennen – und seid definitiv ein Risiko für deren Selbstsabotage. Das heißt, da wo ihr gerade seid, kann es sich sehr unbequem anfühlen. Denn möglicherweise seid ihr von Neidern umgeben oder von Höhlenmenschen, die ihre alten Schattenbilder lieben und nix Neues lernen wollen, und diese würden euch – einen „erleuchteten" Mitmenschen – lieber töten, als sich etwas von ihm zeigen zu lassen. Drama, Baby, Drama!

Und seien wir mal ehrlich, das ist alles andere als eine willkommene Begrüßung nachdem ihr so viel an euch gearbeitet, gekämpft und gelitten habt. Dieses Kapitel soll dazu dienen, den Jojo-Effekt zu vermeiden, um euch in diesem neuen Zustand zu stabilisieren. Denn egal wie schwer es sein mag, in dieser noch so fremd anmutenden Welt zu sein: Springt bitte nicht in das Vertraute der alten Welt zurück! Wir als Autoren dieses Buches sind quasi das Gegenteil der Produzenten aus der Truman Show: Wir wollen, dass ihr eure simulierte Realität verlasst, weil die Welt viel zu wundervoll ist.

Wann immer ihr jetzt ins Wanken geratet, fürchtet euch nicht. Denn ja, wir haben Ehrfurcht vor einer neuen Realität, vor dem neuen ach' so grellem Licht der Erkenntnis. Denn wer lange in der dunklen Höhle saß und nur die Schatten an der Wand für real hielt, den werden die Farben, die Töne und all die anderen sensorischen Eindrücke der Welt außerhalb der Höhle überwältigen.

Wir fürchten nicht unsere Unzulänglichkeit. Nein, unsere Unzulänglichkeit ist uns das Leben lang eine Ausrede und ein Feigenblatt gewesen, um uns zu verstecken und uns selbst zu sabotieren. Wir sind unermesslich kraftvoll und wir sind zu allem fähig, das wir uns nur vorstellen können. Wir müssen nur aus der Höhle raus. Und dann bewegen wir uns zwischen Wagemut und Wanken.

So bitte bleibt wo ihr gerade seid, leicht verblendet, überwältigt und vielleicht noch etwas ehrfürchtig. Spürt das innere Wachstum. Und vergesst nicht: Wachsen tut weh. Hört dennoch weiterhin auf eure innere Stimme. Nährt das innere Feuer und das Leuchten in euren Augen. Wartet, bis andere euch begegnen, die genauso sind. Werdet viele. Bis dahin kann sich der neue Alltag ganz schön einsam anfühlen. Daher soll euch dieses Kapitel dabei begleiten, nicht aufzugeben und Vorbilder für andere zu werden. Vorbilder an Menschen, die das Leben in vollen Zügen genießen, weil sie selbst gestaltet haben.

//

5.1 ZWISCHEN EX UND FREUNDEN

Bereits während des Prozesses hier habt ihr damit angefangen, euch von toxischen Menschen zu trennen. Je weiter ihr geht, desto wichtiger wird dieser Prozess. Jetzt wird es auch immer wichtiger, sich mit Menschen zu umgeben, die euer Ich wertschätzen und fördern, die euch groß machen. Die euch Liebe und Zuversicht und immer neue Ideen schenken, euch wachsen und gedeihen lassen.

* * *

Das Leben ist wie eine Zugfahrt: Viele steigen ein, manche steigen aus, aber nur wenige begleiten euch bis zu eurem Ziel.

– unbekannt

Die Höhlenmenschen, von denen wir im Abstract gesprochen haben, sind die, die uns im Zweifelsfall davon abhalten, unseren Weg zu finden und zu gehen. Es sind vielleicht auch die TV-Produzenten aus der Truman Show. Aber wir wollen alle Truman sein, ein wahrhaftiges, echtes, eigenes Leben führen;

und dass der Name bildlich ist (true man = ein echter Mensch) brauchen wir nicht zu sagen, oder?

Jedenfalls: Meidet Menschen wie die TV-Produzenten unbedingt. Das sind Menschen, die immer nur nehmen und euch nie etwas zurückgeben. Das sind Menschen, die immer jammern, egal bei welchem Wetter. Das sind Menschen, die uns nie wirklich zuhören. Spannenderweise betreiben wir bei der Auswahl unserer Begleiter alle Selbstsabotage. Vielleicht ein paar tibetische Mönche nicht, aber ansonsten tun wir es wirklich alle:

Wenn wir in der Selbstsabotage sind und ein Ziel haben, für das wir uns allein zu schwach fühlen, dann suchen wir uns immer Menschen, von denen wir genau wissen, dass sie uns nicht unterstützen werden. Warum? Weil wir es immer angenehm haben wollen. Wenn wir anfangen wollen, Sport zu machen und haben vielleicht das mit dem Allein-Sein-klappt-nicht schon begriffen, dann fragen wir natürlich wen als Begleiter an? Die, die ebenfalls mehr Sport machen *wollen*. Im Zweifel können wir es dann immer auf die andere Person schieben und wir kennen die Sätze, die wir zu unserem Schatz beim Abendbrot sagen: „Eigentlich wollte ich heute laufen gehen, aber XY hat abgesagt." Und so ist das nicht nur mit dem Sport, sondern mit allem. Aber dass die anderen NICHT schuld sind, das hatten wir ja bereits geklärt, nämlich in Kapitel 1.3. Wir haben alle diese Höhlenmenschen in unserem Umfeld.

Doch: Wie krieche ich aus der Höhle heraus, in der Menschen sitzen, die mich aufhalten wollen?

* * *

Das 7-Schritte-Ex-Ritual von Nadja – psychologisch korrekt

Schritt 1: Entscheidet euch, wer ge-ext wird.

Schritt 2: Nehmt euch etwas Zeit, um euch emotional aus der bestehenden Beziehung zu lösen.

Schritt 3: Sprecht diese Buchstaben nach: „Ich lasse los und bin frei von ... (Name einsetzen)."

Schritt 4: Löscht die Kontaktdaten dieser Menschen auf dem Telefon, löst die Verbindung in den Sozialen Medien und behaltet nur die gemeinsame Vergangenheit gern in guten Bildern.

Schritt 5: Bedankt euch bei diesen Leuten dafür, dass aus ihrer Denkweise euer Selbst als Kontrast sichtbar wird und dass ihr die Möglichkeit habt, euch gegen das Leben zu entscheiden, welches sie führen. Diese Menschen werden sowieso über kurz oder lang eure Ex-Freunde; also verabschiedet euch schon jetzt. Jetzt seid ihr bereit für den

Schritt 6: Das Abschiedsgespräch mit der Person. In echt. Am besten persönlich. Wenn nicht anders möglich, am Telefon. Sagt Sätze wie: „Ich brauche etwas Abstand von dir." Aber rechtfertigt euch nicht dafür.

Schritt 7: Reflektiert: Wie war das für mich? Wie geht es mir jetzt? Lasst euch nicht von eurem schlechten Gewissen einholen.

Nach dieser Heldentat

Denn ja, das ist es, eine Heldentat. Sie kostet sehr viel Mut und auch Kraft. Und auch die Abwesenheit, also das Fehlen dieser toxischen Höhlenmenschen betrauern wir. Aber wir als Nadja und Co. sagen: Es ist besser, toxische Menschen zu betrauern als das eigene Leben. Für Nadja ist das total normal, zu Menschen auf Abstand zu gehen, die ihr nicht gut tun. Aber hallo? Sie ist schließlich auch Psychologin! Und daher weiß sie auch: Es gibt nicht nur einen Jojo-Effekt bei den unzähligen Diäten, die wir immer und immer versuchen und an denen wir immer und immer scheitern, sondern es gibt auch einen Jojo-Effekt bei den toxischen Menschen. Deswegen: Sobald wir im Außen geschwächt werden, gehen wir bitte sofort ins Innen und stärken es. Es ist an dieser Stelle unglaublich wichtig, dass wir uns ein Umfeld aufbauen, in dem wir uns frei und sicher fühlen, in dem Menschen sind, die einen ähnlichen Weg wie wir gegangen sind und die vielleicht auch schon einen Schritt weiter sind als wir selbst. Geht nicht allein und betreibt einfach keine Selbstsabotage!

Purer oder heimlicher Neid: Egal!

Es ist egal, auf welche Weise Menschen ihren Neid offenbaren. Manche ignorieren uns, manche fangen an, kritische Fragen zu stellen und wiederum andere lästern hinter unserem Rücken über uns. Sehr, sehr unschön und verletzend. Aber auch ein guter Indikator, wer es gut mit uns meint und wem wir vertrauen können. Seid euch jedenfalls bewusst: Da, wo ihr jetzt gelandet seid (vorausgesetzt ihr habt nicht nur Buchstaben gelesen sondern auch etwas damit angestellt, was die Buchstaben sagen wollten), gibt es viele Neider. Neider sind all' die Menschen, die es vielleicht auch schon probiert, aber nicht durchgehalten haben. Ihr seid ihnen ein Dorn im Auge, Salz in der Wunde. Ihr habt auch viele Menschen, die euch nicht verstehen und euch nicht in eurem Glück unterstützen, obwohl ihr großzügig mit eurem

Konfetti umher werft. Das sind Menschen, die ihr auf keinen Fall bekehren solltet! Bitte lasst sie in Ruhe, denn jeder darf seinen eigenen individuellen Weg gehen, und niemand kann euren Weg wiederholen. Und vielleicht – und hoffentlich – habt ihr bereits jemanden, der so wie ihr den Weg für sich gegangen ist und mit euch zusammen stolz auf die zurückgelegte Strecke schaut? Überlegt doch mal!

Was sind wahre Freunde?

Freunde sind diejenigen, die erkennen, wenn ihr eine Maske tragt. Die erkennen, wenn ihr unglücklich seid, auch wenn ihr behauptet, alles liefe doch astrein. Die erkennen: Hier läuft was schief. Wahre Freunde sind die, die es euch auch sagen und nicht in dem TV-Produzenten-Sessel der Truman Show sitzen und das Drama seinen Lauf lassen.

Was ist uns an unseren Freunden also wichtig? Sicherlich ist ein Freund jemand, mit welchem wir eine gute Zeit haben, aber auch jemand, der uns reflektiert, die Wahrheit ins Gesicht sagt und im Zweifel uns vor Fehlern bewahrt. Der uns offen widerspricht, wenn wir drohen, auf dem Lebensweg in eine Zukunft abzubiegen, die vielleicht nicht unsere ist. Ganz sicher sein können wir da nie, aber es gibt Weggabelungen, auf denen wir einfach nicht allein sein sollten. Wir wollen in der Situation vielleicht nicht hören, dass wir an so einer

Weggabelung stehen, aber es gehört zu einer Freundschaft dazu und ist unablässig als Leitplanke für eben jenen Weg. Wir brauchen jemanden, der uns selbstlos unterstützt, den wir nicht fragen müssen, sondern der selbstständig erkennt, wenn wir der Unterstützung bedürfen. Und eine Unterstützung ist etwas, das wir brauchen. Und das kann auch einfach nur ein offenes Ohr bei einem Spaziergang sein. Denn die Lösung ist immer in uns drin. Das ist die Hauptaussage dieses Buches, vergesst sie nicht. Wir brauchen keinen gut gemeinten Tipp-Apparat eines Freundes; Oma-Weisheit: Das Gegenteil von gut ist gut gemeint. – Was wir brauchen: Dass wir Schmerz genauso teilen können wie Freude und Stärke in den schwachen Momenten, wenn wir zu straucheln beginnen und ins Wanken geraten. Freunde sind gute Begleiter auf unserem Weg, denn sie müssen unser Ziel nicht mit uns teilen und unser Nordstern muss nicht auch ihrer sein. Sie sind Gesprächspartner, die uns immer dann an unser Vorhaben erinnern werden, wenn wir mal wieder in die Selbstsabotage zu fliehen versuchen. So sollten jetzt eure Freunde sein.

Wie Freunde Freunde werden

Seid euch gewiss: Ihr werdet neue Freundschaften schließen, wir sind ja schließlich soziale Wesen. Wir als Autoren dieses Buches sind übrigens auch zu Freunden geworden. Wie? Erstens: Es war eine intensive Zusammenarbeit. Aber muss ich mich deswegen als Controller mit Brigitte aus der Buchhaltung anfreunden? Nein. Natürlich schweißen intensive Erlebnisse zusammen – und gerade, wenn die Zahlen echt in den Keller gehen. Aber wir haben einfach konkrete Bedürfnisse, die in einer gesunden Freundschafts-Beziehung Erfüllung finden und die wir ineinander gefunden haben: Wir brauchen jemanden, der mit uns ins Kino geht, der mit uns heult und der mit uns schweigt. Ok, und vielleicht auch ein paar, mit denen wir einfach nur etwas trinken gehen. Und wir – die Autoren – sind Freunde geworden, weil uns das Bedürfnis eint, einander alles an den Kopf knallen zu können, was uns auf der Zunge liegt ohne dass das als Beleidigung noch als guru-haftes Besserwissen bewertet wird. Wir vertrauen dadurch einander und sind Partner in Crime, und das aus einem ganz wichtigen Grund, der uns auch zu Freunden gemacht hat: Jeder von uns ist seinen – in diesem Buch skizzierten – Weg allein gegangen. Alle haben für sich gekämpft, gelernt und gehandelt. Und weder messen wir uns miteinander in der Höhe, Größe und Tiefe, noch verweigern wir einander die tiefe Anerkennung für das Abarbeiten der vielen unangenehmen Lebensphasen. Und so haben wir einander erkannt. Übrigens ganz konkret auf einer Autofahrt zu unserem ersten gemeinsamen Einsatz als Team bei einem Kunden. Dort stellten wir fest: Wir haben alle krasse Situationen überlebt und uns eint der daraus entstandene Wunsch: Zu leben. Und zwar wahrhaftig.

Kurz: Da wo ihr gerade seid, tummeln sich viele andere Menschen. Seid bitte achtsam, wen ihr in euren Vertrauenskreis lasst, wer auf euch abfärben und sich in eurem Licht sonnen darf. Seid achtsam mit der Wirkung, die ihr auf andere und andere auf euch haben. Siebt regelmäßig aus und sät regelmäßig neu. Der Prozess zwischen Ex und Freunden ist ein lebenslanger Prozess. Doch: Es ist eure Zugfahrt und es liegt an euch, mit Neugierde zu schauen, wer aussteigt und wer neu zugestiegen ist. Wählt weise, mit wem ihr eure Zug-Lebenszeit verbringt.

//

****

AUFGABE 5.1

Macht eine Inventur eurer Lebensbegleiter:

- Wer umgibt euch und darf bleiben?
- Wen wollt ihr intensiver sehen?
- Wen wollt ihr weniger sehen?
- Wen gar nicht mehr?

Vielleicht gibt es auch eine Vakanz zu besetzen?

//

5.2 ZWISCHEN HURRA UND OJE

Eben war das Leben noch eine Zugfahrt, plötzlich ist es eine Achterbahnfahrt. Und genauso läuft's: Ihr habt eine Zugfahrt gebucht und eine Achterbahnfahrt bekommen. Der Abgleich vom Wunschbild der Zugfahrt mit der Realität der Achterbahnfahrt fühlt sich oft wie eine bunte Mischung verschiedenster Zustände an. Wir finden: Macht aber nichts, sondern alles: Nämlich das Gefühl des Lebendig-Seins.

***

Ja, Veränderung ist schmerzhaft, aber nichts ist so schmerzhaft, wie in etwas stecken zu bleiben, wo du nicht hingehörst.

– Mandy Hale

In diesem Kapitel sollte es ursprünglich um unsere – und eure – Angst gehen. Nadja meinte, die Angst sei ein Helfer, denn da wo die Angst ist, da geht es lang. Markus meinte, das sei Blödsinn, weil die Angst unsere Leistung auf das Überleben eingrenzt, und da gab die Nadja dem Markus

Recht. Auch eine kleine Achterbahnfahrt! So oder so: Es geht hier in diesem Kapitel nicht mehr um die Angst – denn eingestiegen seid ihr längst – sondern um euch in dem Wagen, der gerade dabei ist, die erste Looping-Höhe zu erklimmen. Oh oh, da hinten geht es aber tief runter! – Zwischen Begeisterung und dem euphorisierten Kreischen kommen immer wieder die Momente, in denen ihr euch wünscht, ihr wäret nicht eingestiegen in dieses laute und schnelle Gefährt. Ist diese Achterbahn eine Belohnung oder eine Bestrafung? Warum habt ihr all diese Gefühle und warum fühlt sich das alles nicht nur nach Hurra an?

Übergänge sind eben Grenzgänge

Bitte erinnert euch nochmal an die Fingerübung aus Kapitel 3.4. Dieses Gefühl zwischen Hurra und Oje ist der Transfer zwischen gestern und heute, zwischen Ex und Hop, zwischen noch warm und noch kalt, zwischen Handeln und Reflektieren, zwischen auf der Achterbahn-Hoch-und-hinten-wieder-runter (über Kopf versteht sich). Und nicht nur ihr habt dieses Gefühl, auch für euer Umfeld ist die Situation mit euch eine Achterbahnfahrt. Eure Eltern, Geschwister, Freunde: Sämtliche Leute sind voller Sorge, denn sie sitzen selbst auch mit drin. Versucht, sie zu verstehen, denn sie hatten das Ticket erst Recht nicht gebucht. Nadja erinnert sich an die Zeit, als ihr Sohn plötzlich Vegetarier wurde, und das Weihnachtsessen weder Gans noch Fisch beinhalten durfte. Sie war also unmittelbar mit betroffen, obwohl es seine Entscheidung war. Auch das solltet ihr berücksichtigen und es kann euch helfen, euer Umfeld zu verstehen, welches vielleicht nicht sofort mit einem Glückwunsch-Blumenstrauß vor eurer Tür steht. Und alle Paare, die sich trennen, mögen sich bitte darauf vorbereiten, dass nicht nur Bücher und Tassen aufgeteilt werden, sondern auch Feiertage bei den Großeltern und Grillabende mit Freunden – das ist sehr viel Oje. Wer für einen neuen Job in eine andere Stadt umzieht, plant bitte Zeit für die Erkundung der neuen Umgebung und Platz für ganz viel Hurra ein. Das Leben ist eine Balance aus Licht und Dunkelheit, aus Kälte und Hitze, aus Wind und Stille. Doch eure jetzige Situation ist irgendwo dazwischen. Und bevor ihr in der Balance ankommt, ist noch die eine oder andere Runde Achterbahn nötig. Ach und kommt seid ehrlich: Insgesamt macht sie ja auch viel mehr Spaß als die langweilige Zugfahrt!

Schnallt euch also gut an und genießt diese Fahrt mit allen Sinnen. Ihr habt hart dafür gearbeitet, in diesem Vergnügungspark zu landen.

//

* * *

AUFGABE 5.2

Erinnert ihr euch an die Übung aus Kapitel 1.1? Malt euch erneut die drei Kreise als drei Zwiebelringe auf:

- Innen = direkt durch mich steuerbar
- Mitte = durch mich gestaltbar
- Außen = die *Suppe des Lebens*

Sortiert Themen in diese drei Kreise ein, die euch gerade sehr stark in Anspruch nehmen. Vergleicht dieses Bild mit dem ersten, welches ihr im Kapitel #1.1 gemacht habt, und zieht eine ehrliche Zwischenbilanz. Ihr wisst schon: hat sich nichts geändert, so geht bitte zurück auf Los.

//

5.3 ZWISCHEN EBBE UND FLUT

Es gibt Momente im Leben, da ruhen wir einfach wie der Punkt an der Ebbe, wo wirklich nichts passiert. In diesen wiederkehrenden Momenten nehmen wir unser Dasein wahr.

***

Und dann muss man ja auch noch Zeit haben, einfach da zu sitzen und vor sich hin zu schauen.

– Astrid Lindgren

Nadja wohnt in Hamburg unweit des Elbstrandes und sie verbringt sehr gern ihre Zeit am Wasser. Das Besondere am Elbstrand sind die zwei täglichen Wasserstandswechsel, denn es gibt zweimal Ebbe und zweimal Flut. Genau dazwischen scheint sich das Wasser – besonders an windstillen Tagen – kaum zu bewegen. Das Wasser ruht und lädt ein, es ihm gleich zu tun.

Das süße Nichtstun – auf Italienisch „*Il dolce far niente*" – ist für viele von uns eine echte Aufgabe. Wir sind so sozialisiert, dass wir faul wirken, wenn wir uns ausruhen. Den ganzen Tag rumsitzen, aus dem Fenster gucken oder Musik hören oder spielen – das tun doch nur die, die keine Arbeit haben! Darum füllen wir jede Minute unseres Lebens gern mit Aufgaben – ob echte Arbeit oder irgendein Zeitvertreib. Die neuen Geräte – smart genannt – sorgen dafür, dass ununterbrochen etwas blinkt oder piept oder gewischt werden möchte. Wir sind beschäftigt, ja. Aber sind wir produktiv? Und können wir uns über ein Ergebnis freuen? Und ganz wichtig: Ist das gesund?

Und wie schwer ist es überhaupt einfach nur dazusitzen? Wahrzunehmen, was ist? Zu spüren, was die Sinne wahrnehmen? Zu sein? Was immer euer Weg bis hierher war, es braucht eine kleine Verschnaufpause. Ein bewusstes Anhalten bevor das Neue zu normal ist. Ein Genießen des Ertragens. Bevor ihr irgendwas macht, bleibt einfach nur eine Weile da sitzen und nehmt wahr, was gerade da ist. Und nein, das ist keine Aufgabe. Das ist eine Einladung.

//

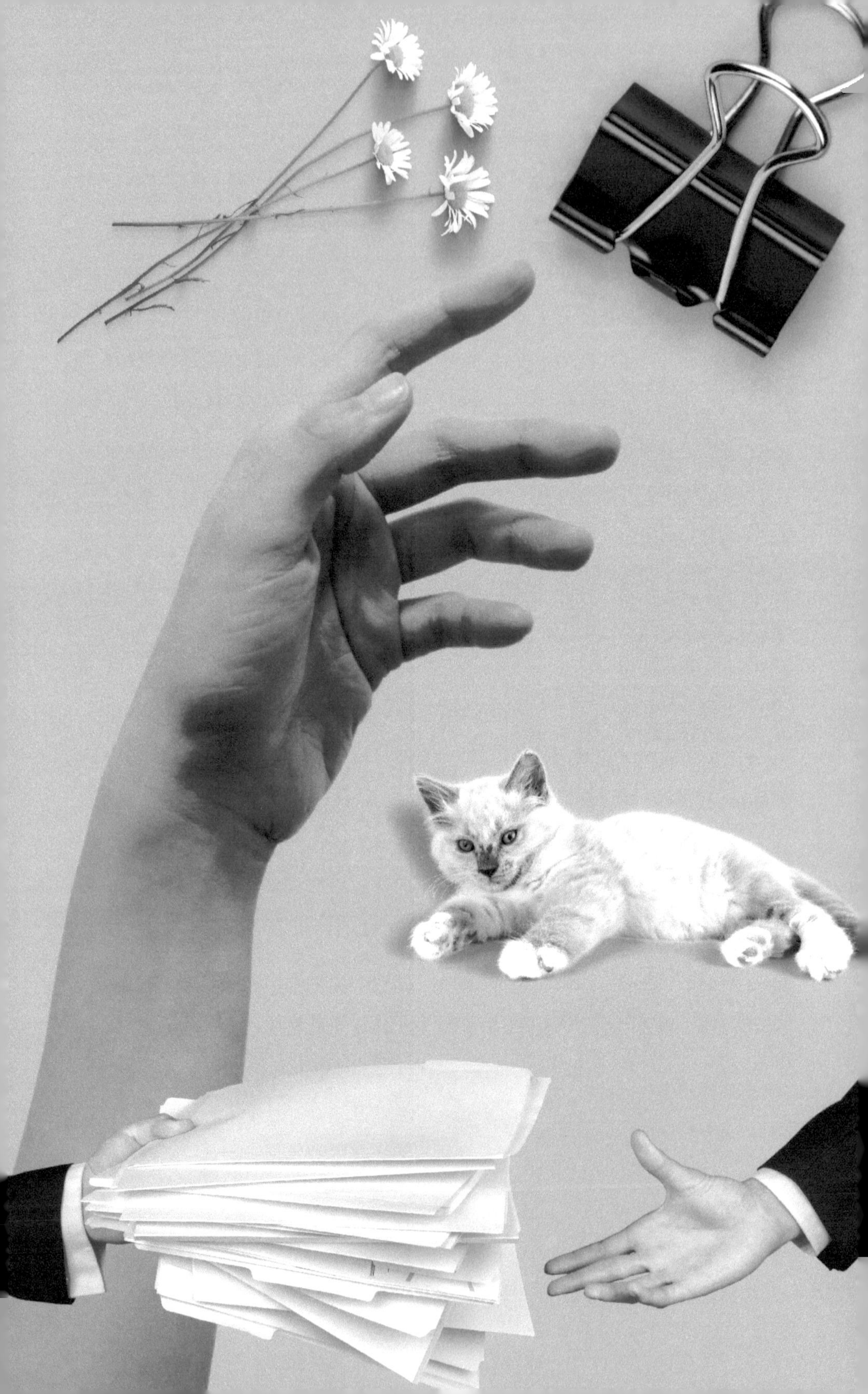

5.4 ZWISCHEN AM LEBEN UND VORBEI

Panta rhei – Alles fließt! Einem Fluss gleich ist die Natürlichkeit jedoch wichtig, denn wenn immer der Mensch in die Natur eingreift, kommt es zu unerwünschten Nebenwirkungen. Bleibt euch selbst treu, lebt euer Leben in eurer Geschwindigkeit und gemäß eurer natürlichen Veranlagung. Alles andere wird ein Kampf gegen die Natur.

***

Chapeau, ihr seid bis hierhin gelangt. Mit konsequentem Lesen, bewusstem Wahrnehmen und neuem Gestalten habt ihr eine Menge erreicht. Die ersten Auswirkungen werden spürbar und ja, es war bestimmt auch etwas unangenehm oder hat sogar weh getan. Das ist aber nicht schlimm. Veränderungen tun weh, nennen wir es geistigen Wachstumsschmerz. Deswegcn lohnt es sich, diese Geschehnissen vor dem inneren Auge Revue passieren zu lassen, vielleicht auch ein kleines Stück stolz auf das bisher Erreichte zu sein. Doch bitte nicht zu lange, denn während wir verharren, geht das Leben weiter und auch wenn gewisse Dinge sich zum positiven verändert oder in der waagerechten verschoben haben, so gibt es immer noch genügend zu tun. Das Leben ist ein ständiger Prozess aus Erkennen, Beurteilen und Handeln. Final steht immer die Handlung, welche uns wieder in eine neue Position bringt, von welcher wir wieder beobachten können.

Wie viel Kampf in dieser Handlung enthalten ist, habt ihr beim Lesen erkannt, und viel wichtiger noch: dieser Kampf klopft jeden Tag an eure Tür, bis zum Schluss, bis zum letzten Atemzug. Und ja, wir streifen an dieser Stelle mit dem Wort „vorbei“ ganz bewusst – und ganz bewusst sehr kurz – das Thema Tod. Jeder Atemzug bedeutet, am Leben zu sein, jede Entscheidung und jede Handlung ebenfalls, bis zum Schluss. Und zwischen hier-und-jetzt und eben dem „vorbei“ liegt es an euch, weder aus der Puste zu kommen, noch das Potenzial eurer schillernder Persönlichkeiten mit ins Grab zu nehmen. Das mit der Puste wird uns übrigens im nächsten Zwischenkapitel mit aller Wucht begegnen, beim Sisyphus-LKW.

Findet dazu eure Fließgeschwindigkeit, und nehmt die Konsistenz von Wasser an, welches die persönliche innere Geschwindigkeit besitzt. Aus einem kleinen Bach entwickelt sich bei zunehmender Masse ein Fluss, der mit höherem Gefälle sich zu einem Strom wandelt, voller Energie und unbändiger Kraft. Jedes Hindernis wird überwunden oder umspült, unaufhaltsam und mit einer festen Richtig, bergab. Zwar hat der Mensch gelernt sich der Gewalt des Wassers zu bemächtigen, aber wehe wenn diese zurückschlägt. Unerbittlich zerstörerisch und verheerend sind die Wirkungen, wenn der Natur nicht gebührender Raum gewährt wird. Wasser muss fließen, wie jeder Mensch seine Reize benötigt und darauf reagiert. Denn so wie Wasser steht, kann es faulen, umkippen und dann stirbt das Leben darin. Nicht anders verhält es sich mit uns, wenn wir ohne Ansporn bleiben, ohne Neues. Wir verkümmern innerlich, verfallen in den ewig gleichen Trott aus Schlafen, Essen, Arbeit und Bedeutungslosigkeit. Erst die Abwechslung und bewusste Reizung unseres Geistes mit Neuem schafft unsere innere Beständigkeit. *„Man kann nicht zweimal in denselben Fluss steigen.“*

//

***

AUFGABE 5.4

Eine sehr wirksame Übung zum Fluss (Flow) habt ihr im Kapitel 4.3 erhalten, da ging es um die sogenannten Mikrogewohnheiten. Da wir in diesem Buch sehr gerne mit Wiederholungen arbeiten, habt ihr hier und jetzt die Aufgabe, euch eine bis zwei Mikrogewohnheiten zu überlegen, die ihr ab sofort befolgen werdet. Vielleicht haben diese beiden Mini-Schritte etwas mit Wasser zu tun?

//

Headmaster

EXKURS: ZWISCHEN HOFFEN UND FLUCHEN

***

Die Angst vor dem Tod folgt aus der Angst vor dem Leben. Ein Mann, der vollständig lebt, ist jederzeit bereit zu sterben.

– Mark Twain

Für die einen ist ein langes, gar ewiges Leben der absolute Traum, für die anderen ist das die reine Horrorvorstellung. Möglicherweise haben die einen den Glauben, dass das Leben noch mehr Möglichkeiten hat, je länger es dauert und dass es immer noch genug Zeit gibt, die Verfehlungen der Vergangenheit irgendwie auszugleichen. Und die anderen, für die das ewige Leben eine Horrorvorstellung ist, haben ihr Leben einfach schon so intensiv mit Ereignissen und Erlebnissen gefüllt, dass sie nach der Party einfach nur noch nach Hause wollen. So oder so: Wir sterben nur einmal, doch wir leben jeden Tag. Und dieses tägliche Leben ist eine Herausforderung, unabhängig von Einkommen, sozialem Stand,

Herkunft, Ethnie oder Geschlecht. Jede Menschenseele hat ein Päckchen zu tragen, niemand ist davon befreit – außer wir befreien uns selbst davon, dann entscheiden wir uns aber *am Leben vorbei*. Denn wer seine Päckchen gern ablegt, versucht sich *am Leben vorbei* durchzumogeln und irgendwann stürzt der Päkchen-Berg über uns herein. Wir hoffen immer, dass er das nicht tut. Und wenn er das dann tut, dann fluchen wir. Und das hat seine volle Berechtigung. Fluchen ist nicht jammern. Fluchen ist: In dem Moment den Dampf ablassen; wenn die Emotionen einfach zu hoch kochen, dann dürfen sie raus. Jammern ist wieder der Opferstuhl und „Schuld sind die anderen" und so. Das habt ihr inzwischen ja hoffentlich begriffen.

Eigentlich wissen wir gar nichts

Der Lebensweg ist für alle unterschiedlich lang und unterschiedlich steinig, er verläuft nicht gleichmäßig. Viele Leser haben dieses Buch vielleicht aus genau diesem Grund in die Hand genommen: Es gibt Dinge oder Aufgaben, welche aktuell bewältigt werden wollen. Vielleicht liegt irgendwas im Argen, aber ehrlich gesagt: Herausforderungen können wir selten vorhersehen, weder zeitlich noch in ihrem Umfang. Wir machen uns immer gern Pläne, doch plötzlich, aus heiterem Himmel, rollt uns ein Stein in den Weg und stellt ein

Hindernis dar. Das ist der Moment, in dem viele jammern und über den falschen Zeitpunkt und die kosmische Ungerechtigkeit klagen. Und entweder wir bleiben vor diesem Stein stehen und jammern weiter, oder wir räumen ihn beiseite, damit wir unseren Lebensweg weiter beschreiten können. Denn alles Klagen, alles Jammern wird den Stein keinen Zentimeter verrücken – das können einzig und allein unsere Taten. Wir brauchen einen starken Geist, diese unerwarteten Situationen in unserem Leben zu erwarten und durchzustehen. Und es liegt in uns, nie das Vertrauen zu verlieren, in uns selbst, unsere Umwelt und an unsere eigenen Fähigkeiten, jede Herausforderung zu meistern.

Eine schmerzhafte Lehrstunde vom Militär

Im Militär gibt es eine Übung, welche genau diese Fähigkeit überprüft. Dieser Drill wird nicht nur zur Ausbildung von Einheiten, sondern auch zur Eignungsfeststellung bei Spezialeinheiten genutzt. Gerade da, wo besondere Menschen herausgefiltert werden sollen, mit ganz essentiellen Fähigkeiten, ist der „Sisyphus-LKW" ein probates Mittel.

Man stelle sich einen Waldweg vor, auf dem ein LKW oder ein Geländewagen fährt, und es gilt für die Soldaten, an dem Fahrzeug dran zu bleiben – zu Fuss. Die Geschwindigkeit ist so angepasst, dass man hinterherjoggt oder schnellen Schrittes geht. Oben auf der Ladefläche steht ein Ausbilder, der permanent schwere Gegenstände aus dem Fahrzeug wirft. Das können Autoreifen, Pflastersteine, Kanister, Holzlatten oder Ähnliches sein, Hauptsache unterschiedlich in Gewicht und Haptik. Diese Objekte müssen die Soldaten nun im Laufen aufsammeln und immer wieder zurück auf die Ladefläche legen.

Was sich auf den ersten paar hundert Metern vielleicht noch als eine einfache Aufgabe anhört, wird nach ein paar Kilometern zur Tortur. Die Ausbilder nehmen dabei bewusst Strecken, welche permanent leicht bergauf gehen, um dem Prüfling die körperliche Kondition schnell zu rauben und ihn in ein Stadium des „Eisernen Willens“ zu versetzen. Der Prüfling hat nämlich keine Ahnung, wie lange die Strecke ist, die er bewältigen muss, ob diese Übung nach der nächsten Kurve, nach dem nächsten Hügel oder den nächsten 10 Minuten vorbei ist. Es kann sich um eine Stunde oder die ganze Nacht handeln. Dennoch darf er niemals den Anschluss zum Fahrzeug verlieren und alles, was von oben hinterhergeworfen wird, aufzusammeln und wieder aufzuladen. Alle Leser, welche dies einmal beim Militär oder bei sonstigen Einheiten erlebt haben, werden sich sicherlich mit schmerzverzerrtem Lächeln an diese Momente zurückerinnern, an die Qualen und Schmerzen von jedem Schritt, an butterweiche Knie und

Arme, an den trockenen Mund und die innere Hoffnung, dass es bald vorbei sein möge. Zusätzlich bedienen sich die Ausbilder verschiedener Tricks um zusätzlichen mentalen Druck aufzubauen. Der Wagen fährt spontan mal schneller, so dass die Folgenden rennen müssen, um irgendwie Schritt halten zu können, oder aber man steht auf der Ladekante und trinkt genüsslich ein kaltes Getränk während hinter dem Fahrzeug geschwitzt, geflucht und gestrauchelt wird. Hört sich nach Sadismus an, ist es aber nicht, es ist eine Übung, die das echte Leben abbildet. Und auch wenn ihr jetzt sagt: „Äh, Moment mal, wann renne ich schon einem LKW hinterher?“ Dann sagen wir: Spätestens wenn ihr entschieden habt, ab jetzt eure Steuererklärung zu machen – oder wenn ihr entschieden habt, von zu Hause auszuziehen oder Italienisch zu lernen. Leid ist immer individuell.

Was hat diese Übung also mit uns und unserem Leben zu tun? Alles! Denn nicht anders verhält es sich mit unseren täglichen Aufgaben und unserem Weg durch sie hindurch.

- Wissen wir wann irgendwas Anstrengendes vorbei ist? Nein!
- Können wir die Geschwindigkeit der Welt bestimmen? Nein!

- Haben wir einen Einfluss darauf, welche Schicksalsschläge uns ereilen? Nein!
- Können wir deren Taktung festlegen? Nein!
- Geht es dabei immer fair zu? 100% Nein!

Aber was wir tun dann? Ganz einfach: Wir bleiben dran! Wir können uns seelisch wappnen, den Geist in spanische Stiefel schnüren – und egal, was auch kommen mag: niemals aufgeben. Wir haben es nicht in unserer Macht zu bestimmen, was in der nächsten Woche auf uns wartet, aber wir können selbst bestimmen, ob wir stehen bleiben, die ganze Welt verfluchen oder freudig anpacken. Niemand verlangt, dass wir die schnellsten sind. Das Leben ist kein Sprint, es ist ein Marathon. Deswegen ist es gleich, was man uns entgegenwirft, ob es schwer, leicht oder nur unpraktisch ist. Wir heben es auf und laden es wieder auf. Mit jedem Mal werden wir im Geist stärker, versierter und wissen zukünftig besser mit den Aufgaben umzugehen. Erfahrungsgemäß haben wir am Ende nicht mehr die gleichen Kräfte wie am Anfang, wir wissen aber dafür Probleme entspannter, gelassener und mit mehr Weitsicht anzunehmen. Denn eines ist schon zu Beginn klar: Austricksen können wir das Leben nicht, und das ist vielleicht auch ganz gut so!

//

5.5 ZWISCHEN ENDE UND NEUANFANG

Auch wenn das Buch eigentlich viereckig aussieht, tatsächlich ist es rund. Es ist wie bei Monopoly. Ihr zieht hier gleich wieder über Start. Manchmal zieht ihr 4000 Euro ein, manchmal nicht. Wenn ihr hier angekommen seid, seid ihr so unfertig wie noch nie. Denn ihr habt jetzt ein Bewusstsein und steht mitten im Leben – und nicht daneben.

***

Das Leben kann nur rückwärts verstanden werden, aber es muss vorwärts gelebt werden.

– Soren Kierkegaard

Viele Bücher, die uns irgendwie einen Rat für das Leben geben und uns einen Weg aufzeigen wollen, nämlich ihren eigenen, haben immer einen Endpunkt. Sie sagen: „Wenn ihr die fünf Schritte absolviert habt, dann bitteschön: Hier ist eure Medaille und von nun werdet ihr weise, erfüllt und sowieso über alle Maßen glücklich sein."

Wir sagen: „Ja, gaaaaanz bestimmt. Nicht." Dass es viele Angebote dieser Art gibt, ist einfach eine Beobachtung, die wir machen, wenn wir tagtäglich in den sozialen Medien unterwegs sind. Dass diese Glücksversprechen nicht funktionieren, liegt darin begründet, dass die Medien immer neue Leitartikel und neue Versprechen brauchen – denn wie unwirtschaftlich wäre eine Methode, die alle tatsächlich für immer glücklich macht? Ähnlich ist es auch wie so manches Pflegeprodukt, das im ersten Moment hilft, aber die Haut auf Dauer austrocknet, sodass wir von eben jenem Produkt abhängig werden. Falls ihr das noch nicht wusstet, bitteschön.

Wir wollen keine Kaufanreize einer Selbstoptimierung-Industrie schaffen, wir wollen euch nicht (!) das Gefühl geben, dass ihr hier irgendwie angekommen seid – geschweige denn glückselig oder so. Wir haben die ganze Zeit in diesem Buch das Glücksversprechen ganz bewusst ausgelassen. Wir halten diese Versprechen für fahrlässig, wenn nicht gar sittenwidrig. Nein, niemand von den Autoren würde sich das anmaßen, denn auch wir haben die Aufgabe angenommen, hinter dem LKW herzulaufen und die Aufgaben des Lebens eine nach der anderen abzuarbeiten. Wir stellen uns nicht über euch als Erleuchtete, als weise Gurus oder dergleichen. Und ehrlicher wird es heute nicht mehr.

Aus Veränderung Normalität werden lassen

Dieses Buch ist wie Monopoly, wie die Jahreszeiten oder wie irgendetwas, was einen regelmäßigen Ablauf hat. Es ist ein Zyklus, den ihr immer und immer wieder durchlauft. Ein immer wieder stattfindender Prozess. Die stete Veränderung ist normal, oder sogar natürlich. Aber irgendwie neigen wir dazu, alles in ein geordnetes System zu packen. Wir brauchen Orientierung in einer komplexen Welt. Dass wir selbst dieser Punkt sind, dass wir den Nordstern in uns tragen, dass wir selbst stark sind, (wieder) werden können und/oder es schon immer waren, das ist einfach kein guter Verkaufsanreiz. Die unbequeme Einsicht, dass wir nie fertig sind, sagt uns niemand. Wir sagen uns nur bequeme, schöne, einlullende Dinge, weil wir es gewohnt sind, für jedes Problem, das wir haben, eine Lösung kaufen zu können. Und wenn es die Zeitschrift an der Tanke ist, wo irgendwas drauf steht von wegen „5 Dinge die Menschen mit einem gesunden Ego verstanden haben". Während das Buch entstanden ist, haben wir uns auch ständig solche Artikel oder Postings aus den Sozialen Medien geschickt. Zitate und Sprüche, Einsichten und Weisheiten berühmter und Möchtegern-berühmter Personen. Das Problem: Diese Inhalte sind wie die Produkte, die uns in Abhängigkeit bringen: Für zehn Minuten fühlen wir uns geborgen, sicher und irgendwie verstanden in dieser

Welt. Aber dann kommen wir nach Hause, erblicken den Papierstapel für die Steuer und fühlen uns wieder völlig entmutigt. Nadja hatte ja im Subbotnik-Kapitel über die Wichtigkeit der äußeren Ordnung ausführlich gesprochen. Wir sind dann auch innerlich einfach befreiter. Aber das ist nur der Beginn eines immer wiederkehrenden Anfang.

Was wir sagen wollen: Veränderung sollte Normalität werden. Sie sollte gesamtgesellschaftlich anerkennt, gewürdigt, geschätzt und gefeiert werden. Warum schmeißt eigentlich niemand eine Scheidungs-Party? Nadja wirft ein: „Die Japaner machen das.“ Nachdem wir kurz in der Suchmaschine unserer Vertrauens geschaut haben: Oh tatsächlich! Und diese Feiern laufen genauso ab wie eine Hochzeit! Nur dass der offizielle Teil im Rathaus nach der Party stattfindet. Statt die Heiratsurkunde wird dann die Scheidungsurkunde unterschrieben. Einmal rückwärts bitte! Wir finden das ehrlich, genau richtig und sehr, sehr gesund. Ihr auch?

Leben ist mehr als Über-Leben

Das Leben bahnt sich immer einen Weg. Auch wenn wir ein extrem angepasstes Leben führen, das Kind in uns mit Träumen und Wünschen ist immer da und reagiert in den verschiedenen Situationen immer noch, auch wenn wir es gut zu unterdrücken wissen. Als Kinder haben wir extrem viel ausprobiert: Spielend haben wir die Welt verstanden, sie uns angeeignet und seien wir ehrlich: auch erobert. Das Leben war alles, was wir noch nicht ausprobiert und getestet hatten. Wichtig zu verstehen: Daran hat sich nichts geändert. Und das ist genau der Grund, warum wir hier an einem Neuanfang stehen. Und ja auch ein Markus, eine Nadja und ein Julien müssen dieses Buch immer wieder zur Hand nehmen und lesen, auch wenn sie selbst die Autoren sind. Denn das Leben geht jeden Tag von vorn los. Jeden Tag können wir ein neues Drehbuch schreiben, wenn wir uns entscheiden, das zu tun. Und auch ein Drehbuch braucht erste Überlegungen, Abwägungen und Feedbacks von den engsten Freunden.

Ein Leben *führen*

Eine der berühmtesten Rätselfragen, die in den sozialen Business-Medien diskutiert werden: *Was ist gute Führung?* Und immer steht dabei die Führungskraft im Kreuzfeuer. Also wieder jemand anderes im Außen, an dem etwas geschraubt werden soll. Worauf wir hinaus wollen: Wir vergessen leicht, dass wir uns in erster Linie selbst führen. Und zwar immer. Egal, an welcher Stelle oder Position wir uns befinden. Und auch wenn wir uns nicht führen, so tun wir es. Das ist so ähnlich wie mit den Entscheidungen. Denn uns ist nicht bekannt, dass da ein fremder Steuermann in uns sitzt der entscheidet und führt. Euch? Das Problem, was alle Menschen haben: Wir vergleichen uns permanent und setzen in diesem Vergleich Ziele, die nicht unsere sind. Denkt mal drüber nach: Kein Chef der Welt würde seinen Mitarbeitern die Aufgaben oder Ziele aufdrücken, die wir uns zum 1. Januar vornehmen.

Ein Leben zu führen heißt also, es zu führen. Das ist der Anspruch dieses Buches, euch (und uns) das beizubringen. Wir haben gelernt, aus dem Opferstuhl auszusteigen und somit unsere Ohnmacht zu verlassen. Wir haben gelernt, zu entscheiden und zu handeln. Jetzt steht ihr da mit der Erkenntnis, dass das Ende eigentlich ein Neustart ist, ein Neuanfang, ein kurzer Moment zwischen dem Ende des einen und dem Start des anderem, auch das – und sehr oft genau das – ist Leben. Ausprobieren und Zukunft gestalten. Und das wäre doch auch eine schöne Definition von Führung.

//

***

AUFGABE 5.5

Stellt euch vor, über Nacht ist ein Wunder passiert und eure Wünsche sind in Erfüllung gegangen – ganz mühelos. Woran werdet ihr erkennen, dass das Leben so ist, wie es sein soll?

//

250 130 65 32
25 22 19 16 13
T-43 4/40

EPILOG

Gehe zurück auf Los

Da sind wir nun – wir als Autoren und ihr als Leser – auf der letzten Seiten des Buches. Das finale Umblättern und die letzten Absätze offenbaren sich dem Leser, es ist beinahe geschafft, man könnte fast sagen, das Ziel ist erreicht. Weit verfehlt!

Wie beim berühmten Gesellschaftsspiel, so heißt es auch hier: Geht zurück auf los. Was in dem Spiel das Spielgeld, das ist hier die Erkenntnis: Was ist jetzt anders als es auf Seite eins war? Hat sich etwas verändert, ist der Himmel grün und das Gras blau? Wohl kaum! Seid ihr ein anderer Mensch? Vermutlich nicht, denn: Man kann aus einem Menschen nicht herausholen, was in dem Menschen nicht drin steckt. Andersrum gesagt, ihr seid immer noch ihr selbst, egal, wie viel ihr aus euch herausholt. Will heißen, wenn ihr jetzt etwas high – auf körpereigenen Drogen – unterwegs seid, quer durch die schier unendliche Weite eurer menschlichen Möglichkeiten, so verspürt ihr vielleicht eine besondere Art von Glück.

Dieses Glück liegt darin, dass ihr es euch SELBST erarbeitet und erkämpft habt. In einem Prozess mit vielen kleinen Babysteps. Mit Kopfschütteln und Kopfnicken. Am Ende stehen wir auf dem Feldherrenhügel unserer Möglichkeiten und sagen: Ja. Das bin ich. Mit allen Verlusten und Schrammen, aber ja verdammt, ich habe nicht nur überlebt, sondern auch gelebt. Zwar war vieles nicht neu, was in diesem Buch teils in epischer Breite, teils kurz und knapp behandelt wurde. Der eine oder andere frische Gedanke war dabei, wobei die Essenz hinlänglich bekannt ist, grade so offensichtlich, dass wir darüber stolpern, ohne sie wahrzunehmen und geschweige denn ernsthaft zu reflektieren. Keiner kann von sich behaupten in diesem Buch ausschließlich Neues, völlig Unerwartetes gelesen zu haben, im Gegenteil.

Und dann gibt es etwas, das lässt sich in keinem Buch der Welt beschreiben. Es gibt Dinge, die passieren nicht uns, sondern für uns – und unsere Aufgabe ist dann, diese Dinge in Leichtigkeit und ganz ohne Kampf anzunehmen. Was natürlich nur dann geht, wenn wir anhalten und aus der *Suppe des Lebens* aussteigen. Jeder Lebensweg ist völlig individuell und auf seine Art und Weise notwendig, und manchmal sind die Unterschiede zwischen den Lebenswegen größer als die Gemeinsamkeiten. Wenn wir im Kapitel „Entscheidung“ über den Aufbruch zu neuen Ufern sprechen, über das Anpacken, so ist es wichtig, dass nicht jeder zum gleichen Ufer schwimmen, und zu den gleichen Sternen greifen muss.

Und dennoch eint uns alle (leider) der Kampf mit uns selbst als die Vorstufe zu diesen Wundern des Lebens. Weil wir uns selbst der größte und der härteste Feind sind. Weil wir uns selbst nicht schätzen und nicht zulassen, dass uns einfach so tolle, schöne Dinge passieren.

So gibt es trotz all der Empfehlungen und Übungen in diesem Buch auch noch die Hoffnung, dass euer Wunschleben nur ein tiefes Einatmen entfernt ist. In diesem Einatmen sollte die Bereitschaft drin sein, euch auf das große Abenteuer Leben einzulassen. Und in dem Ausatmen eine große Befreiung von allem, was euch jammern lässt, drückt und stört. Diese Atemzüge sollen die eigenen sein, im eigenen Tempo. Wenn wir aus unserer Perspektive also über Veränderung sprechen, über die Notwendigkeit einer initialen Zündung, dann gibt es dafür keinen objektiven Maßstab, welcher sich an äußeren Phänomenen ableiten lässt. Was für den einen ein Erfolg ist, bedeutet dem nächsten nichts. Aus diesem Grund, liebe Leser, vermeidet bitte den Vergleich, blickt nicht auf die anderen, auf die Fassade der angeblich so glücklichen und erfolgreichen Menschen mit den schillernden Social Media Profilen. Blickt nur auf euch selbst und macht eure eigenen Schritte, gepaart mit euren eigenen Atemzügen. Langsam, aber stetig: Bei jedem Schritt einen Atemzug und bei jedem Atemzug einen Besenstrich. Ein Besenstrich nach dem anderen, und irgendwann ist die ganze Straße gefegt – so lautete die Strategie zum Fegen einer unerträglich langen Straße von Beppo dem Straßenkehrer aus „Momo".

Wäre das alles so einfach, wären wir schon alle dort, in dem Wunschleben. Obwohl, wartet, das ist ja schon wieder verkehrt rum. Wir sind schon alle dort, in dem Wunschleben, doch wir jammern manchmal trotzdem und werfen uns permanent Steine vor die Füße, um zu stolpern und es schwer zu haben im Lebe.Weil es in unserer Gesellschaft verpönt ist, es schön und leicht zu haben.

Scheinbar braucht es also nicht nur den Sieg über den inneren Feind, sondern auch eine entschiedene und mutige Gruppe von Menschen, die sich traut, gemeinsam das Jammern abzustellen und die Selbstsabotage zu kündigen. Es ist vielleicht an der Zeit, neue gesellschaftliche Konventionen aufzustellen. Neue Floskeln für die Kindererziehung, neue

Wege, seine Talente auszuleben, neue Knigge-Regeln für einen schmerzfreien Umgang miteinander, neue Methoden der Nachrichten-Überbringung... Ja, so vieles möchte neu gedacht und gestaltet werden, damit es uns möglich ist, unser Wunschleben vor niemandem geheim zu halten – vor allem dann nicht, wenn wir dort angekommen sind. Denn eins brauchen wir alle nicht mehr, und zwar ein Leben *am Leben vorbei*, bei dem wir viel zu viel arbeiten, um von dem Geld Dinge zu kaufen, die wir nicht brauchen und damit Menschen neidisch zu machen, die wir nicht kennen oder nicht mögen.

Wir brauchen ein Leben, in dem es nichts zu jammern und nichts zu bereuen gibt. Ein Leben, in dem das Leuchten von innen kommt und das Glück unabhängig sein kann von dem äußeren Chaos.

Und obwohl wir in diesem Buch stets in „ihr" und „wir" geschrieben haben, kommt jetzt eine Stelle, an der wir in das „du" wechseln. Und das tun wir, weil wir wissen, dass jede Gemeinschaft, jede Bewegung und jede Stadt aus ganz vielen Individuen besteht. Also...

Das einzige, was zählt, bist du, du und nur du. Dein inneres Glück und deine Zufriedenheit. Deine Bereitschaft, dir selbst treu zu bleiben und so zu leben, wie du es willst. Es ist kein

Egoismus, denn: Wenn du von innen leuchtest, erlaubst du auch anderen Menschen um dich herum, es zu tun – und dann sind wir wieder schnell bei einem „ihr“. Falls du jetzt denkst, dass du etwas verpasst hast, dann schlage gerne noch einmal die erste Seite auf und lies. Gehe ruhig zurück auf Los. Und wenn du hier wieder zurück bist, ein zweites Mal, dann sind wir uns sicher, dass der Tag doch ein anderer geworden ist, die Welt sich für dich anders dreht, denn jetzt hast du es in der Hand. Und je mehr Menschen das tun, desto weniger Psychologen und Soldaten braucht unsere Welt. Ist das ein verrückter Gedanke? Mag sein, jedoch ganz sicher ist dieser Gedanke nicht *am Leben vorbei*!

//

Hochspannung
Lebensgefahr

ANHANG

Kurzbiografien

Nadja Petranovskaja verfügt über mehr als 25 Jahre Erfahrung als Psychologin. Nach ihrem Studium sammelte die gebürtige Russin internationale Erfahrungen als Beraterin, Trainerin, Projektmanagerin und Führungskraft in zahlreichen Branchen u.a. bei Daimler, IBM, PriceWaterhouseCoopers und für Airbus. 2011 wechselte Nadja die Perspektive und beschäftigt sich als selbstständige Unternehmerin, Trainerin und Coach mit Themen wie Resilienz und positive Psychologie. In Workshops, Konferenzen und Trainings, die die Psychologin selbst konzipiert, coacht sie zu den Themen Führungskräfte-, Team- und Persönlichkeitsentwicklung, Motivation sowie psychischer Gesundheit.

Webseite: petranovskaja.com

* * *

Markus von Hauff gründete nach seiner zwölfjährigen Offizierslaufbahn und seinem abgeschlossenen Pädagogikstudium mit Schwerpunkt Psychologie bei der Bundeswehr einen gemeinnützigen Verein, wo er sein umfangreiches Wissen und seine Erfahrungen im Kampfsport als Trainer weitergibt. Neben der Kinder- und Jugendarbeit ist er auch als Referent bei polizeilichen und militärischen Sondereinheiten, wie der französischen Fremdenlegion, den deutschen polizeilichen Spezialeinheiten in den Bereichen Nahkampf, Selbstschutz und Schießen tätig. Da ihn seine Disziplin weit gebracht hat, möchte Markus diese auch an andere Menschen weitergeben.

Webseite: markusvonhauff.de

* * *

Julien Kottysch ist seit fast 20 Jahren bei der Bundeswehr. Er schloss dort ein Studium der Bildungs- und Erziehungswissenschaften mit dem Schwerpunkt Berufsbildung und Beratungspsychologie ab. Lange war er für die Führung, die Aus- und Weiterbildung von Soldaten im Feldjägerdienst im In- und Ausland zuständig. Diese breit wie hoch spezialisierten Soldaten decken das militärpolizeiliche Spektrum in der Bundeswehr ab und sind auch für den Personenschutz hochrangiger Personen zuständig. Julien ist der festen Überzeugung, dass viele Menschen gar nicht wissen, was in ihnen steckt und ihre Grenzen nie ausgelotet haben.

* * *

Wie es weiter geht

SCAN ME

- Scannt den QR Code hier, und ihr gelangt – wie Alice im Wunderland – zu einem digitalen Whiteboard, auf dem wir das eine oder andere zusätzliche Material wie zum Beispiel Videos für euch vorbereitet haben.

- Verschenkt dieses Buch an jeden Menschen, der euch am Herzen liegt und wessen Leben für euch von Bedeutung ist.

- Bleibt in Bewegung und genießt die Fahrt!

Nadja Markus und Julien

Printed in Poland
by Amazon Fulfillment
Poland Sp. z o.o., Wrocław

83291668R00198